Ulrich Reyher

Parlons français avec Minnie et Minou

4. Schuljahr

Lehrerhandbuch

mit Kopiervorlagen

D1720606

A Auer Verlag GmbH

Gedruckt auf umweltbewusst gefertigtem, chlorfrei gebleichtem und alterungsbeständigem Papier.

1. Auflage. 2005
© by Auer Verlag GmbH, Donauwörth

Alle Rechte vorbehalten
Das Werk und seine Teile sind urheberrechtlich geschützt. Jede Nutzung in anderen als den gesetzlich zugelassenen Fällen bedarf der vorherigen schriftlichen Einwilligung des Verlages. Hinweis zu § 52 a UrhG: Weder das Werk noch seine Teile dürfen ohne eine solche Einwilligung eingescannt und in ein Netzwerk eingestellt werden. Dies gilt auch für Intranets von Schulen und sonstigen Bildungseinrichtungen.

Illustration: Friederike Großekettler
Satz: Fotosatz H. Buck, Kumhausen
Druck und Bindung: Ludwig Auer GmbH, Donauwörth
ISBN 3-403-04164-6

Inhaltsverzeichnis

1. Konzeption

Parlons français avec Minnie et Minou ist ein Lehr- und Lernwerk für den Französischunterricht in der Grundschule. Es zielt darauf ab, bei den Kindern der dritten und vierten Jahrgangsstufe die Basis für Kommunikation und Konversation in der französischen Sprache zu schaffen. Dabei werden alle vier klassischen Fertigkeitsbereiche, also **Hörverstehen**, **Lesen**, **Sprechen** und **Schreiben** von Anfang an systematisch trainiert. Die Kinder entwickeln Spaß am Umgang mit der Fremdsprache und erzielen gleichzeitig einen nachweisbaren Lernzuwachs.

1.1 *Parlons français avec Minnie et Minou:* Ein Leitfaden zur Dialogfähigkeit

Mithilfe dieses Unterrichtswerks entwickeln die Schülerinnen und Schüler die **Fähigkeit, Dialoge in der Fremdsprache zu führen**. Sie lernen kleine Gespräche aus Alltagssituationen auf Französisch zu bewältigen. Es werden also nicht einfach nur Wortfelder „abgearbeitet" und Vokabeln zu einzelnen Themen angehäuft; vielmehr liegt der Schwerpunkt darauf, die Verstehens- und Mitteilungskompetenz anzubahnen. Kinder sind noch viel offener für Dialogsituationen im Lernprozess der Fremdsprache als Erwachsene, weil auch ihre sprachlichen Grunderfahrungen in der Muttersprache sich aus Dialogprozessen mit den ersten Bezugspersonen ergeben haben.

Stehen Redestrukturen zur Ermöglichung von Gesprächen im Mittelpunkt des Fremdsprachenlernens, ergibt sich die Notwendigkeit, Sprachmodule zu entwickeln, mit denen Dialogbegegnungen gemeistert werden können. Diese Module müssen der kindlichen Interessens- und Neugierebene entsprechen. Ergebnis dieser Überlegungen sind die **Leitfragen bzw. -sätze**, die das Lehrwerk *Parlons français avec Minnie et Minou* strukturieren. Es sind v.a. die Fragen und Sätze, die bei einer Begegnung von Kindern zweier Sprachen eine Rolle spielen. Der Wortschatz ergibt sich ganz nebenbei aus der jeweiligen Gesprächssituation.

Aus den Leitfragen und -sätzen entwickeln sich schließlich Dialoge; mit der Beherrschung der Leitfragen und -sätze sowie der möglichen Antworten oder Reaktionen sind die Schülerinnen und Schüler in der Lage, sich elementar in der Fremdsprache zu artikulieren. Jede Gesprächssituation sollte mit den Kindern ausführlich durchgespielt werden – auch hinsichtlich der Antwortvarianten. Erst wenn die Kinder genügend Sicherheit bei der sprachlichen Bewältigung der Gesprächssituation gezeigt haben, sollten sie sich eigenständig untereinander die Dialogfragen stellen und dadurch ihre Redesicherheit weiter vertiefen.

Damit die Leitfragen und -sätze nicht auf der Lehrbuchebene bleiben, ist das Unterrichtswerk so aufgebaut, dass die Kinder regelmäßig **Interviews durchführen** sollen, entweder indem sie selbst Interviewfragen beantworten oder indem sie mit einem oder mehreren anderen Kindern Interviews durchspielen. Bei manchen Interviews werden auch Verwandte oder Freunde einbezogen. Diese Recherche-Tätigkeit in der Fremdsprache führt zu einer steten Gewöhnung an das Sprechen der Fremdsprache, zu ihrem Einsatz als Kommunikationsmittel und zur Sicherheit in der Gesprächsführung.

Durch die Entwicklung der Interview-Technik wird den Kindern in dem Unterrichtsprozess, den das Lehrwerk vorschlägt, zudem ein **hohes Niveau an Eigentätigkeit und Selbststeuerung** zugetraut, was sie wiederum motiviert und ihre Eigeninitiative anregt.

1.2 *Le français en classe:* Französisch als Unterrichtssprache

Außerhalb des Französischunterrichts findet für die Schülerinnen und Schüler keine organisierte Begegnung mit der Fremdsprache statt. Insofern erfordert die Gestaltung des fremdsprachlichen Inputs grundsätzliche didaktische Überlegungen. Es hat sich herausgestellt, dass der rezeptive und leicht aktivierbare Wortschatz der Kinder zunimmt, wenn die Lehrkraft von Anfang an die Strukturierung der Unterrichtsstunden in der Fremdsprache vornimmt. Dieser fremdsprachige „Plauderton" während des Unterrichtens wird hier als *le français en classe* bezeichnet. Es handelt sich dabei um zyklisch wiederkehrende Redemittel, die das Unterrichtsgeschehen regeln und organisieren. Das thematische Lehr- und Lernprogramm wird also umrahmt von regelmäßigen Sprechakten in der Fremdsprache, die die Kinder passiv aufnehmen und im Laufe der Zeit immer besser verstehen, bis sie sie irgendwann auch in ihren aktiven Wortschatz übernehmen. Die Interaktionen zwischen Lehrkraft und Kindern spielen sich in der Fremdsprache ab: Die Lehrkraft erläutert die Situation, überprüft das Verständnis der Schülerinnen und Schüler und gibt die nötigen Anweisungen. Der Einsatz von Gestik und

Reyher, Ulrich: Parlons français avec Minnie et Minou/4. Schuljahr
© Auer Verlag GmbH, Donauwörth

Mimik durch die Lehrperson erleichtert den Kindern das Verständnis des Sinnzusammenhangs. Einsprachigkeit des Fremdsprachenunterrichts in der Grundschule heißt allerdings nicht, grundsätzlich auf den Einsatz der Muttersprache zu verzichten, sondern nur, jedes *überflüssige* deutsche Wort zu vermeiden.

Das Vorgehen mit *le français en classe* wird in der allerersten Französischstunde mit den Kindern besprochen. Es hat sich herausgestellt, dass diese *le français en classe* lieben lernen; das Bedürfnis Hypothesen aufzustellen und Verständnis-Strategien zu entwickeln ist bei Kindern größer als gemeinhin angenommen. Erfahrungsgemäß wird es immer ein Kind geben, das mittels gedanklicher Konstruktion den Sinn einer neuen Formulierung versteht und äußert. (Im Französischunterricht sind hierbei die Kinder aus Familien romanischsprachiger Herkunft natürlich eine große Hilfe.) Früher oder später werden die Schülerinnen und Schüler sogar untereinander in die Rolle der Lehrkraft schlüpfen und die französischen Redestrukturen anwenden.

Für *le français en classe* sollte grundsätzlich beachtet werden:

- Die Formulierungen sollten **kurz** sein.
- Sie sollten verständlich sein, also auf **Basisvokabular** beruhen.
- Sie sollten **situativ angemessen** sein.
- Sie sollten **nützlich** sein, also bestimmte nachvollziehbare Funktionen während des Unterrichtsgeschehens erfüllen.
- Sie sollten **regelmäßig**, man könnte fast sagen „stereotyp", angewendet werden.
- Das Repertoire von *le français en classe* sollte mit Bedacht **stetig erweitert** werden.

Bei Beachtung dieser Regeln wird man bald bei den Schülerinnen und Schülern ein Gefühl der Verständnis-Sicherheit feststellen, das den Unterricht ohne Hektik und Druck ablaufen lässt. Generell gilt, dass mit zunehmendem Kompetenz- und Lernfortschritt der Kinder die Redemittel nuancierter, variantenreicher und ausführlicher werden sollten.

Als Einstieg in den französischsprachigen Unterricht empfehlen sich die Redewendungen zur Begrüßung, die Informationsfragen zu Beginn der Stunde, die Organisation der Unterrichtsaktivitäten sowie natürlich der Abschluss der Unterrichtsstunde, der – wie auch der Beginn – immer ritualisiert ablaufen sollte.

Im Anhang befindet sich eine Liste von Redemitteln für *le français en classe* (s. Anhang VIII). Diese versteht sich als Vorschlag aus der Praxis. Sie erhebt keinen Anspruch auf Vollständigkeit, da die jeweilige Lernsituation und die Lernfortschritte vor Ort berücksichtigt werden müssen.

Natürlich können die Kinder die Fragen, die in der Liste der Redemittel für *le français en classe* angegeben sind, nicht sofort beantworten (Beispiel: *Quelle est la date d'aujourd'hui? Quel temps fait-il? Quelle heure est-il?*). In solchen Fällen „monologisiert" die Lehrkraft die Antwort auf die Frage so lange, bis die ersten Kinder sich trauen eine Antwort zu geben. Entscheidend ist die Regelmäßigkeit des Rituals.

2. Die Arbeit mit dem Unterrichtswerk

Jede Fremdsprachenstunde in der Grundschule ist ein Balance-Akt: Lernschritte zur Verbesserung der rezeptiven Kompetenz müssen koordiniert werden mit Lernschritten zur Verbesserung des Sprechvermögens. In der Unterrichtsstunde muss ein ausgewogenes Verhältnis herrschen zwischen dem Lehrer-Sprech-Vorbild und den Schüleräußerungen, zwischen Partner- oder Gruppengespräch und individueller Reflexion.

Der Einsatz verschiedener Unterrichtsmaterialien bei der Arbeit mit dem vorliegenden Werk ermöglicht es der Lehrkraft, ohne viel Aufwand ein solches Gleichgewicht herzustellen. Neben den Schülerarbeitsheften – den **cahiers d'exercices** – sieht das Konzept **Bilder-, Frage-, Piktogramm- und Aktivitätskarten** (*cartes-image, cartes-dialogue, cartes-pictogramme* und *cartes-activité*) vor, die als Kopiervorlagen im Anhang dieses Lehrerhandbuches (s. Anhang I–IV) vorliegen.

Im Folgenden wird das Unterrichtswerk im Einzelnen – dabei insbesondere der Einsatz der verschiedenen Komponenten – beschrieben. Einen tabellarischen Überblick über den möglichen Ablauf einer Unterrichtsstunde finden Sie auf S. 14.

2.1 Das *cahier d'exercices*: Leitmedium für den Unterricht

Die *cahiers d'exercices* sind Steuerungsinstrumente für die Lehrkraft. Sie geben ihr einerseits Sicherheit bei der Planung der fremdsprachenpädagogischen Arbeit, andererseits sind sie Impulsgeber sowie Leitmedien für die Praxis und ersparen eine zeitaufwändige Vorbereitung.

Die einzelnen Unterrichtsstunden wie auch der gesamte Lernprozess in der Fremdsprache bekommen ein nachvollziehbares inhaltliches Gerüst. Die Lehrkraft entgeht der Gefahr der Beliebigkeit und des „Themen-Zappings", das so viele fremdsprachige Unterrichtsstunden in der Grundschule charakterisiert.

Auch für die Kinder stellt das *cahier d'exercices* einen wichtigen Bestandteil ihres Französischunterrichts dar. Sie können darin jederzeit etwas nachschlagen, was sie sich wieder in Erinnerung rufen wollen. Gleichzeitig haben sie etwas in der Hand, was durch das Ausfüllen, Ausmalen und Einkleben eine persönliche Note bekommt und worin sie ihre eigenen Lernfortschritte nachvollziehen können. Für die Eltern sind die *cahiers d'exercices* eine Informationsquelle, mithilfe derer sie ohne großen Aufwand den Fremdsprachenunterricht ihrer Kinder verfolgen können.

Für das dritte sowie für das vierte Schuljahr gibt es pro Halbjahr einen Band des *cahier d'exercices*. Das Lehrwerk sieht für jedes Halbjahr 30 Kapitel (*leçons*) vor. Bei zwei Wochenstunden Fremdsprachenunterricht ergeben sich pro Halbjahr 40 Unterrichtsstunden, so dass das Pensum an Dialogstrukturen realistisch zu bewältigen ist. Dennoch sollte natürlich das Arbeitstempo individuell an die jeweils zu unterrichtende Klasse angepasst werden. Das Lehrwerk ist daher so offen konzipiert, dass jederzeit Zusätze oder Einschränkungen möglich sind. Es spricht nichts dagegen, Teile des Übungsprogramms für Wochenplanarbeit oder für häusliches Training zu verwenden.

Jedes Kapitel geht über eine Doppelseite. In der Kopfzeile findet man die Leitfrage bzw. den Leitsatz. Das dazugehörige Piktogramm befindet sich in der Kopfzeile links, die Kapitelnummer rechts.

Die linke Seite ist die **Einführungsseite**. Hier steht meist ein kurzer Text mit einfachem Arbeitsauftrag, durch den die Kinder in der Regel zum Malen oder Einkleben von Bildern aufgefordert werden. Hin und wieder sollen hier auch bereits einzelne Wörter oder Zahlen eingesetzt oder Antworten zu gestellten Fragen wahlweise angekreuzt werden. Auf dem unteren Teil der Seite befindet sich in blau gedruckter Schrift ein *Minnie-Minou*-Dialog mit passender Illustration. Auf der rechten Seite, der **Aufgabenseite**, stehen die durchgehend nummerierten Übungen, die die Kinder schriftlich bearbeiten sollen. Bei den Kapiteln 5, 10, 15, 20, 25 und 30 befindet sich anstelle der regulären Aufgabenseite ein Test (Hinweise zu den Tests s. S. 8).

2.1.1 Die Einführungsseite

Die Einführungsseite ist für die Erarbeitung der jeweiligen Leitfrage/des Leitsatzes und der dazu passenden Antworten/Reaktionen vorgesehen. Es bieten sich mehrere verschiedene Vorgehensweisen an:

a) Die Lehrkraft führt Leitfrage/Leitsatz im Zusammenhang mit einer kleinen Anekdote ein.
b) Die Lehrkraft präsentiert (z. B. auf Folie) die ganze Seite und lässt die Kinder Vermutungen darüber anstellen, worum es geht.
c) Die Lehrkraft zeigt das Piktogramm der entsprechenden Seite und lässt die Kinder frei assoziieren.

Es ist wichtig, die neue Frage/den neuen Satz in den Kontext der bereits gelernten Leitfragen und -sätze zu stellen. So werden sich die Schülerinnen und Schüler darüber bewusst, dass sie sich ein Repertoire von Situationsfragen aufbauen, die ihnen Kommunikationsmöglichkeiten in der Fremdsprache geben. Die bereits behandelten Leitfragen und -sätze (Piktogramm- und Dialogkarten) müssten an einem bestimmten Ort des Klassenzimmers systematisch gesammelt werden. Eine zusätzliche, differenzierende Übung während der Arbeitsphasen im Unterricht könnte dann sein, mit einzelnen Kindern in die „Karten-Ecke" zu gehen und sie die Dialog-Fragen/-Sätze bzw. Antworten/Reaktionen wiederholen zu lassen.

2.1.2 Der *Minnie-Minou*-Dialog: Hörverstehen üben

Zu jeder *leçon* ist ein kleiner Dialog zwischen den zwei Identifikationsfiguren *Minnie* (der gelben Maus) und *Minou* (der roten Katze) beigefügt, der einen Bezug zum jeweiligen Gesprächsthema hat und durch eine Illustration veranschaulicht wird. Die Dialoge zwischen Maus und Katze sind so konzipiert, dass die Kinder sie gut verstehen können, ohne dass sie jedes Wort kennen oder erklärt bekommen müssen. Sie enthalten typisch französische Formulierungen und Redestrukturen, die die Kinder in ihren passiven, nicht unbedingt aber in ihren aktiven Wortschatz aufnehmen sollen. Jeder Dialog endet mit einer witzigen Pointe, was einen großen Anreiz zum Verstehen schafft. *Minnie* und *Minou* stellen zudem zwei sehr charakteristische Figuren dar, die sich durch immer wiederkehrende typische Verhaltensweisen auszeichnen; es tritt also ein Kennen-

Reyher, Ulrich: Parlons français avec Minnie et Minou/4. Schuljahr
© Auer Verlag GmbH, Donauwörth

lern-Effekt ein, der es für die Kinder leichter macht die Dialoge zu verstehen.

Durch die regelmäßige Darbietung dieser Kurzdialoge am Anfang jeder Stunde werden Konzentration und Hörverstehen geschult. Die Kinder tauchen dabei in die französische Sprache ein.

Bei dem Gespräch über den Dialog gilt die Devise: Die Kinder äußern sich auf Deutsch, die Lehrkraft wiederholt, bestätigt oder korrigiert auf Französisch. Wichtige Signalwörter werden an die Tafel geschrieben.

Methodisch kann folgendermaßen vorgegangen werden: Es wird zunächst der Dialog der letzten Stunde wiederholt. Beispiel: *Écoutez bien, les enfants. Vous vous rappelez de Minnie et Minou? Qu'est-ce qu'il s'est passé la dernière fois? Ils ont parlé de quoi? Vous vous rappelez?* Wer sich erinnern kann, gibt auf Deutsch den Inhalt des Dialogs wieder.

Dann werden die Kinder gebeten, die Augen zu schließen und sich vollkommen auf die akustische Präsentation des neuen Kurzdialogs zu konzentrieren (*Fermez les yeux et écoutez bien. Qu'est-ce qu'ils disent cette fois-ci, le chat et la souris?*). Die Lehrkraft bietet den Dialog mit entsprechend emotional beteiligter Stimmführung langsam und deutlich dar. Nun werden die Kinder gebeten die Augen zu öffnen (*Et maintenant, ouvrez les yeux! Ouvrez les cahiers d'exercices à la page … Regardez l'image.*).

Die Lehrkraft wiederholt den Dialog, diesmal mimisch-gestisch unterstützt. Hierzu können auch Handpuppen herangezogen werden, die beispielsweise nach dem Vorschlag in Anhang VI angefertigt werden. Jetzt werden die Kinder aufgefordert, Vermutungen über den Inhalt zu äußern. Signalwörter werden an der Tafel notiert. Schließlich präsentiert die Lehrkraft den Dialog ein drittes Mal. Dabei können die Kinder den Text im *cahier d'exercices* verfolgen. Ein regelmäßiges Training dieser Art führt zu erstaunlichen Ergebnissen bei der Anreicherung des rezeptiven Wortschatzes und beim Übergang zum aktiven Wortschatz. Früher oder später werden die Kinder einzelne Elemente der Dialoge mitsprechen oder gar eigenständig nachsprechen.

Am Ende der Besprechung des *Minnie-Minou*-Dialogs sollte immer ein Tafelanschrieb mit einzelnen Signalwörtern des Dialogs erfolgen.

Mithilfe der nach Kapiteln aufgelisteten Vokabeln mit ihrer Übersetzung (*le vocabulaire*, s. S. 66 ff. in den *cahiers d'exercices*) können die Kinder sich zudem noch eigenständig den Wortschatz und Sinnzusammenhang der *Minnie-Minou*-Dialoge erarbeiten. Es hat sich herausge-

stellt, dass die Kinder sehr wohl mit einem **Globalverständnis** der Dialoge (also ohne Eins-zu-Eins-Übersetzung) umgehen können. Anhand der Signalwörter, des stimmlich akzentuierten Lehrervortrags und der Illustration gelingt es ihnen meist relativ schnell das Wesentliche der Dialogsituation zu erfassen. Die Lehrkraft sollte nicht vergessen immer wieder die alten *Minnie-Minou*-Dialoge zu wiederholen.

2.1.3 Die Aufgabenseiten: Schriftbild und geleitetes Schreiben von Anfang an

Die Schrift segmentiert den Sprachfluss und gibt den Kindern die Möglichkeit, den fremden „Sprachbrei" zu strukturieren. Langsam werden sie dabei Regelmäßigkeiten der Phonologie erkennen lernen.

Im ersten Schritt muss von der Lehrkraft das Klangbild vorgegeben werden. Danach erst bekommen die Kinder das Schriftbild präsentiert. Alles, was die Kinder selbst schreiben sollen, finden sie entweder in demselben oder in einem der vorangegangenen Kapitel, so dass es sich um reine Reproduktion handelt. Grundschulkinder sind schriftliche Übungen gewohnt. Sie beschäftigen sich intensiv mit schriftlichen Arbeitsaufträgen und sind – bei entsprechendem Schwierigkeitsgrad – natürlich auch in der Fremdsprache in der Lage, schriftliche Mitteilungen unter Zuhilfenahme des *cahier d'exercices* zu formulieren. Natürlich wird die Rechtschreibung in der Fremdsprache nicht systematisch vermittelt oder gar abgefragt. Trotzdem können die Kinder lernen sich ein Wortbild einzuprägen. Durch die dosierte Anleitung zum Lesen und Schreiben gibt es vielfältige zusätzliche Übungsmöglichkeiten, die ohne den Gebrauch des Schriftbildes nicht denkbar wären.

Der Lehrgang ist so aufgebaut, dass auch auf den Aufgabenseiten immer wieder die Interview-Technik geübt wird. Dabei müssen die Kinder die Fremdsprache tatsächlich als Kommunikationsmittel benutzen, um bisher unbekannte Neuigkeiten über ihre Klassenkameraden zu erfahren.

Nachdem die Einführungsseite bearbeitet ist, drängen die Kinder erfahrungsgemäß auf die Erledigung der Aufgabenseite. Am Anfang empfiehlt sich ein schrittweises Vorgehen, also Nummer für Nummer. Die Kinder gewöhnen sich schnell an die fremdsprachigen Anweisungen (Beispiel: *Traduis! Complète! Attention!*), da sie kurz sind und sich immer wiederholen.

Im Gespräch mit den Schülerinnen und Schülern wird erarbeitet, was sie zu tun haben.

Die Lehrkraft spricht französisch, die Kinder deutsch. Die Lehrkraft lässt den Kindern genügend Zeit zur schriftlichen Erledigung der Aufgaben.

Abschließend werden die Übungen überprüft und besprochen. Wenn die Lehrkraft nach jedem Test (s. 2.1.4) die *cahiers d'exercices* einsammelt, sollten auch die Aufgaben der vorangegangenen Kapitel korrigiert und mit einem Kommentar versehen werden. Je mehr Wert die Lehrkraft auf sorgfältiges Arbeiten legt, desto höher wird bei den Kindern der „Bedeutungsgehalt" des Fremdsprachenlernens.

2.1.4 Die Tests:
Evaluation als Unterrichtsdiagnose und Rückmeldung für die Kinder

Kinder legen Wert auf eine realistische Bewertung ihrer Leistungsanstrengungen. Deshalb ist auch in der Fremdsprache ein Evaluationsprogramm nötig. Evaluation bedeutet aber auch Unterrichtsdiagnose: Durch die Evaluation erfährt die Lehrkraft, ob der Lernprozess erfolgreich war oder nicht. Folgende Bewertungsweisen sind in dem Unterrichtswerk vorgesehen:

1. Nach 5 Lektionen (*leçons*) gibt es jeweils einen Test, bei dem das *cahier d'exercices* als Hilfsmittel und Nachschlagewerk von den Kindern benutzt werden kann. Es handelt sich hierbei also nicht um einen Leistungsnachweis im herkömmlichen Sinne. Die Kinder lösen selbstständig Aufgaben, die ihrem Sprach- und Lernniveau entsprechen. Im Anhang des *cahier d'exercices* (s. S. 65 des *cahier d'exercices*) werden die Ergebnisse der Tests von der Lehrkraft kommentiert.
2. Jede nummerierte Aufgabe (*exercice*) sollte von der Lehrkraft hinsichtlich Richtigkeit und Sorgfalt der Ausführung überprüft werden, um die Anstrengung der Kinder zu honorieren. Hierfür gibt es im Anhang ein abgestuftes Beurteilungsschema (s. S. 63 f. im *cahier d'exercices*).

Man sollte die Tests auch als Möglichkeit der Selbstdiagnose der Kinder sehen (Portfolio-Gedanke: „Das kann ich schon!"[1]). Während die

---

[1] Ulf Borgwardt: Sprachenpass und Portfolio in der Erprobung. In: Praxis des neusprachlichen Unterrichts 1/2003, S. 72 ff.
Michael K. Legutke/Wiltrud Lortz (Hrsg.): Mein Sprachenportfolio. Frankfurt a. M.: Diesterweg 2002
Michael K. Legutke: Trend: Portfolio. In: Primar Nr. 29 (2001), S. 37 ff.
Michael K. Legutke: Portfolio der Sprachen – eine erfolgversprechende Form der Lernstandsermittlung? In: Primary English 1/2003, S. 4 ff.

Aufgabenseiten sonst im Lehrer-Schüler-Gespräch, in Partner- oder Gruppenarbeit erledigt werden, sind die Testseiten wirklich individuelle Leistungsbeweise.

Die Testsituation sollte unbedingt locker gehalten werden. Der Test nimmt nur sehr kurze Zeit in Anspruch, der restliche Stundenablauf kann dann ganz regulär ablaufen. Die Lehrkraft sollte eine bestimmte Bearbeitungszeit festlegen. Kinder, die schnell fertig sind, haben im *cahier d'exercices* immer die Möglichkeit, die Illustrationen auszumalen.

Nach Erledigung der Test-Lektion sammelt die Lehrkraft die Arbeitshefte ein und unterzieht den Test sowie die letzten fünf Lektionen einer kritischen Würdigung. So gibt es einen ständigen, individuell ausgerichteten Lehrer-Schüler-Dialog. Das wissen Kinder sehr zu schätzen.

Generell ist es denkbar, sowohl einzelne Aufgabenseiten als auch Test-Seiten als Hausaufgabe aufzugeben.

2.1.5 *Les nouvelles de la classe:*
Kleine Chronik der Klassenereignisse

Im Anhang (s. S. 62 im *cahier d'exercices*) ist eine offene Liste für so genannte *nouvelles de la classe* vorgesehen. Erfahrungsgemäß ergibt sich im Unterricht immer wieder die Situation, dass Kinder wichtige persönliche Befindlichkeiten mitteilen wollen. Derartige „Neuigkeiten" können fremdsprachlich umgesetzt und als kurze Notiz niedergeschrieben werden. Es empfiehlt sich dabei, den Wortschatz so zu reduzieren, dass die Kinder den Sinn des Textes wiedergeben können.

Beispiel: Beginn einer Stunde
Tout le monde est là ? Non ? Qui est absent ? Tim ?
Tim n'est pas là ? Pourquoi pas ? Il est malade ?
Il est malade. Pauvre Tim !
Qu'est-ce qu'il a ? Il a la grippe ?
Alors on va noter: Tim a la grippe. Pauvre Tim ! (Jeudi, le ...)

2.1.6 *Le vocabulaire:*
Training der Nachschlage-Technik

Im Anhang des *cahier d'exercices* (s. S. 66 ff. des *cahier d'exercices*) befindet sich ein Glossar, das den Wortschatz jedes einzelnen Kapitels auflistet. Dabei wird zwischen dem aktiven Wortschatz (schwarz gedruckt) und dem passiven Wortschatz der *Minnie-Minou*-Dialoge (blau gedruckt) unterschieden. In Band 2 wird

Reyher, Ulrich: Parlons français avec Minnie et Minou/4. Schuljahr
© Auer Verlag GmbH, Donauwörth

zudem zum Nachblättern das Vokabular von Band 1 noch einmal aufgeführt.

Um Verwirrungen in Bezug auf die unterschiedlichen Endungen der Adjektive (männliche und weibliche Formen) zu vermeiden, wurde in der Liste immer die Form aufgeführt, die die Kinder im Text finden; der grammatikalische Hintergrund braucht hier noch nicht thematisiert zu werden.

Vom Deutschunterricht sind die Kinder das Nachschlagen im Wörterbuch gewohnt. Da in der Sekundarstufe diese Arbeitstechnik eine große Rolle spielen wird, sollte man auch im Fremdsprachenunterricht mit den Kindern immer wieder das Nachschlagen und evtl. Markieren von Vokabeln in Glossaren üben. Taucht z.B. *fromage* in einem *Minnie-Minou*-Dialog auf, werden die Kinder aufgefordert, das Wort im Glossar zu suchen: *Qu'est-ce que c'est, le fromage? Regarde dans le vocabulaire.*

Die Kinder lernen dabei, dass die Fremdsprache wie auch die Muttersprache Begriffe benutzt, die eine klar umrissene Bedeutung haben.

2.1.7 Rhythmisierung und Lieder

Zur Verfestigung der neuen Redestrukturen des Kapitels hat sich **rhythmisches Sprechen** bewährt. Kinder machen das sehr gerne. Es dient der Ausspracheschulung und dem flüssigen Sprechen. Auch Kinder, die sonst beim Sprechen in der Fremdsprache ängstlich und zurückhaltend sind, können sich hier (geschützt durch die Gruppe) einbringen. Beim Vor- und Nachsprechen sind mehrere Varianten möglich:

Lehrkraft – Kinder
laut – leise
langsam – schnell
Solist – Chor: Ein Kind spricht vor, die Klasse spricht nach. Dabei gibt das Kind das Tempo und die Lautstärke vor. Im ersten Durchgang wird die Lehrkraft demonstrieren, was Solist und Chor zu sagen haben.
Mädchen – Jungen, d.h., dass abwechselnd gesprochen wird, wobei Lautstärke und Tempo sowie Anzahl der Wiederholungen vorher festgelegt werden. Wieder gibt im ersten Durchgang die Lehrkraft den Wortlaut vor.
Gruppe x – Gruppe y, z.B. Tischgruppe 1, dann Tischgruppe 2, dann Tischgruppe 3 usw.: eine Übung mit hohem Konzentrations- und Aufmerksamkeitswert.

Jede Rhythmisierung ist grundsätzlich mit Bewegungen zu verbinden, z.B. Finger schnipsen (*claquer des doigts*), mit den Händen klatschen (*frapper des mains*), Arme stumm bewegen (*lever/baisser les bras*) oder Schultern kreisen (*rouler les épaules*). Diese Rhythmisierungsübungen sind als Schlussritual ausgezeichnet geeignet, sie können aber in jeder Unterrichtsphase eingesetzt werden, wenn wieder mehr „Schwung" in die Stunde kommen soll. Die zu den einzelnen Kapiteln aufgeführten Rhythmisierungen sind als Vorschläge gedacht. Sie beziehen sich hauptsächlich auf den aktiven Wortschatz, aber auch auf markante, elementare Wörter des passiven Wortschatzes.

Lieder eignen sich grundsätzlich sehr gut als Anfangs- bzw. Abschlussritual. Wo ein thematischer Zusammenhang mit den Lektionen herstellbar ist, sollten sie dort eingesetzt werden. Ansonsten können sie je nach Situation der Klasse und „Liedbegeisterung" der Lehrkraft auch unabhängig von einzelnen Lektionen einstudiert werden. Für schulische Aufführungen ist ein Fundus von französischen Liedern immer wichtig.

2.2 Die Handkarten

In dem Unterrichtswerk wird viel mit verschiedenen Bild- und Wortkarten gearbeitet (s. Kopiervorlagen im Anhang; sie sollten möglichst auf Tonpapier geklebt und laminiert werden). Für die Sammlung und Lagerung der Bild-, Piktogramm-, Dialog- und Aktivitätskarten (*cartes-image, cartes-pictogramme, cartes-dialogue, cartes-activité*) hat sich das System der *boîte-surprise* (z.B. aus einem Schuhkarton hergestellt) bewährt. Man kann eine *boîte-surprise* für den Stuhlkreis, für die Partnerarbeit, für die Tischgruppe etc. herstellen. Die Praxis in der Klasse muss zeigen, wie man am besten zurechtkommt. Unverzichtbar ist allerdings eine *boîte-surprise* für die Lehrkraft und eine für die Tischgruppe. In die *boîte-surprise* werden sämtliche durchgenommene Piktogramm-, Bild-, Dialog- und Aktivitätskarten gelegt. Ohne hineinzuschauen ziehen die Kinder reihum die Karten und führen eine entsprechende Handlung aus (bei den Bildkarten ergeben sich mehrere Möglichkeiten, s. S. 10 f.), d.h. ein anderes Kind wird gefragt oder zu einer Aktivität aufgefordert. Der Überraschungscharakter des Vorgangs erzeugt bei den Kindern eine konzentrierte Aufmerksamkeit.

Diese Unterrichtsphasen sind Schüleraktivitätsphasen. Die Lehrkraft steht zur sprachlichen Beratung zur Verfügung.

Um den progressiven Lernzuwachs der Kinder sichtbar zu präsentieren, empfiehlt sich außerdem die Sammlung der bereits gelernten Leit-

fragen und -sätze an den Symbolfiguren (postergroße Kinderfiguren, s. Kopiervorlage im Anhang VII, die an der Wand angebracht werden
und an welche die Dialog- und Piktogrammkarten angeheftet werden).

2.2.1 Bildkarten: *Cartes-image*

Die Bildkarten weisen vorderseitig Illustrationen, rückseitig die entsprechenden französischen
Schriftbilder zu bestimmten Begriffen auf. (Die
Kopiervorlagen zur Erstellung der Karten finden
Sie in Anhang I.) Sie dienen zur Einführung
neuer Begriffe, zur Wiederholung und zur Über-
prüfung des gelernten Wortschatzes. Dabei
kann entweder mit oder ohne das rückseitige
Schriftbild gearbeitet werden. Bildkarten be-
kannter Vokabeln können in der *boîte-surprise*
gesammelt werden (s. 2.2); zieht ein Kind eine

solche Karte, besteht der Handlungsauftrag darin, ein anderes Kind zu fragen *Qu'est-ce que
c'est?* oder *Où est ...?* Die Kopiervorlagen für
Bildkarten im Anhang veranschaulichen einen
Großteil des Grundvokabulars aus den *cahiers
d'exercices*. Dabei wurden nur solche Vokabeln
gewählt, die eindeutig darstellbar und unmiss-
verständlich sind. Für die Vokabeln wurde durchgängig der bestimmte Artikel (*le, la*) verwendet.
Bei den apostrophierten Begriffen (z. B. *l'armoire*)
müssen die Kinder auf das grammatische Ge-
schlecht hingewiesen werden. Es empfiehlt sich,
eine zweispaltige Sammlung (*masculin – fémi-
nin*) der Bildkarten-Vokabeln anzulegen (z. B. als
Wandposter).
Als zusätzliche Lernleistung wird von den Kindern der Transfer zum unbestimmten Artikel
verlangt. Wenn ein Kind das „Schrank-Bild" zeigt
und fragt: *Qu'est-ce que c'est?*, muss das andere
Kind antworten: *C'est une armoire.* Durch eige-

**Dialogische Grundstrukturen beim Einsatz der
Bildkarten im Stuhlkreis oder im Klassenverband :**

Beispiel: *carte-image »lion«*

a)
Qu'est-ce que c'est, (A)?   *(C'est) Un lion.*

(A) dit: »C'est un lion.«
C'est correct, (B)?   *Oui.*

Alors, tu continues, (A). Montre-nous une autre carte et pose la question.

b)
Qu'est-ce que c'est, (A)?   *?*

Qui peut aider (A)? (A) n'est pas sûr. (B), tu as une idée?   *(C'est) Un tigre.*

(B) dit: »C'est un tigre.«
C'est correct, (C)?   *Non.*

(C) dit: »Ce n'est pas correct.«
(C) a raison, ce n'est pas un tigre. Mais qu'est-ce que c'est alors, (C)?   *(C'est) Un lion.*

c)
Regardez au tableau. Où est le lion?
(A), s'il te plaît, viens au tableau et montre-nous le lion.
C'est le lion, (B)?   *Oui.*

Oui, c'est le lion. Continue, s'il te plaît, (A).

d)
Où est le lion, (A)? Tu peux décrire où il est?   *A côté du tigre.*

Il est à côté du tigre? (A) dit: »Le lion est à côté du tigre.«
C'est correct, (B)?   *Oui.*

S'il te plaît, répète, (B). Où est le lion?   *A côté du tigre.*
Alors, tu continues, (A).

10

ne Bilder, Fotos oder Illustrationen kann der Fundus von Bildkarten natürlich beliebig erweitert werden. Es empfiehlt sich, die Bildkarten zu kopieren, farbig auszumalen (das können die Kinder zum Beispiel in einer Warteschleife machen), auf Fotokarton zu kleben und zu laminieren.

Verschiedene Varianten des methodischen Vorgehens beim Einsatz der Bildkarten:

1. **Arbeit im Klassenverband:** Lehrkraft stellt den Kindern die Fragen (s. Beispiele S. 10) und lenkt den Dialog.

2. **Arbeit im Stuhlkreis:** Die Karten befinden sich in der *boîte-surprise* der Lehrkraft. Im Sitzkreis werden einzelne Kinder aufgefordert Karten zu ziehen. Die Kinder fragen sich nun gegenseitig anhand der von ihnen gezogenen Karten: *Où est …?, Montre-moi …!, Montre-nous …!, Qu'est-ce qu'il manque?* oder auch einfach: *Qu'est-ce que c'est?* (Schüler-Schüler-Dialog) Erledigte Karten werden auf den Boden gelegt.

3. **Arbeit in Tischgruppen:** Die Karten befinden sich in der *boîte-surprise* der Tischgruppe. Selbstständig stellen sich die Kinder gegenseitig auf Französisch die entsprechenden Fragen.

4. **Kim-Spiel:** Mehrere Bildkarten werden an der Tafel befestigt. Die Kinder werden aufgefordert: *Fermez les yeux!* Eine Karte wird weggenommen und die Kinder wiederum aufgefordert: *Ouvrez les yeux! Qu'est-ce qu'il manque?/Quelle carte manque?/C'est quel animal qui manque?*

5. **Partnerarbeit** (falls für die einzelnen Kinder *boîtes-surprise* angelegt worden sind): Die (verkleinerten) Karten befinden sich in den *boîtes-surprise* der einzelnen Kinder. An ihren Plätzen führen die Pärchen die entsprechenden Dialoge.

2.2.2 Piktogrammkarten: *Cartes-pictogramme*

Piktogramme (lat. *pictus* „gemalt"; griech. *gramma* „Schriftzeichen") sind Bilder oder Zeichen mit festgelegter Bedeutung.

Im Falle dieses Lehrwerks stehen Piktogramme in Form der Piktogrammkarten (Kopiervorlagen s. Anhang II) als graphische Symbole für Leitfragen und -sätze. Insofern handelt es sich bei dem Gebrauch der Piktogrammkarten um ein nichtschriftliches, bildhaftes Verfahren der Semantisierung eines Bedeutungsinhalts. Die Kinder kombinieren die dem Piktogramm zugrunde liegende Frage- oder Aussageabsicht und verbalisieren diese in der Fremdsprache. Dadurch werden sie zunächst vom Schriftbild entlastet und können sich ganz auf den Bedeutungsinhalt konzentrieren. Die Piktogramme sind zum einen Impulsgeber für ein Gespräch, zum anderen dienen sie als Speichermedium und Gedächtnisstütze. Auf die Rückseite der Piktogrammkarte kann evtl. das jeweilige Schriftbild (Dialogkarten, Kopiervorlagen s. Anhang III) geklebt werden.

Verschiedene Varianten des methodischen Vorgehens beim Einsatz der Piktogrammkarten:

1. **Arbeit im Klassenverband:** Die Lehrkraft präsentiert mit dem Piktogramm die neue Leitfrage/den neuen Leitsatz der Lektion. Nach Behandlung der visuell dargestellten Leitfrage/des Leitsatzes wird das entsprechende Piktogramm in der Klasse aufgehängt, am besten an einer Symbolfigur (postergroße Kinderfiguren, s. Kopiervorlage in Anhang VII, die an der Wand angebracht werden). So kann zur Wiederholung jederzeit darauf zurückgegriffen werden.

2. **Arbeit im Stuhlkreis:** Die Piktogrammkarten (ebenso wie die Dialogkarten) werden von einzelnen Schülerpaaren verbalisiert. In der *boîte-surprise* des Stuhlkreises werden Piktogrammkarten (sowie Dialogkarten) gesammelt und nach dem Zufallsprinzip gezogen. Die entsprechenden Gesprächssituationen werden exemplarisch durchgespielt.

3. **Arbeit in Tischgruppen:** Für die *boîtes-surprise* der Tischgruppen werden die Piktogrammkarten ebenfalls vervielfältigt. Die Kinder ziehen die Karten und fragen sich gegenseitig aus.

4. **Partnerarbeit** (falls für die einzelnen Kinder *boîtes-surprise* angelegt worden sind): Dieselben Regeln gelten für Partnerarbeit.

2.2.3 Dialogkarten: *Cartes-dialogue*

Die Leitfragen und -sätze in Schriftform werden als Dialogkarten (Kopiervorlagen s. Anhang III) gesammelt. Zusätzlich kann die Frage/der Satz auf die Rückseite der Piktogramme geklebt werden.

An der Wand werden als Poster die Kinderfiguren angebracht (s.o.); sie stellen die imaginären Kontaktpersonen dar und symbolisieren das französisch sprechende Kind, das vielleicht eines Tages durch die Tür kommt und ein Gesprächsangebot erwartet. Mittels dieser Figuren werden die für ein Gespräch unter Kindern entscheidenden Fragen und Sätze sowie die entsprechenden Antworten bzw. Reaktionen erlernt. Die Leitfragen und -sätze werden also in zweifacher Form angeboten: einerseits graphisch in Form eines Piktogramms „semantisiert", andererseits von der ersten Stunde an als

Schriftbild. Piktogramm und Schriftform werden an die Figuren geheftet.

Verschiedene Varianten des methodischen Vorgehens beim Einsatz der Dialogkarten:

1. **Arbeit im Klassenverband:** Die Lehrkraft spricht die Leitfrage/den Leitsatz vor und verweist auf das Piktogramm. Die Kinder sprechen nach. Die jeweiligen Antwort- bzw. Reaktionsmöglichkeiten werden ebenfalls im Lehrer-Schüler-Dialog durchgesprochen. Dann wird mit der Dialogkarte das Schriftbild vorgestellt. *Carte-pictogramme* und *carte-dialogue* werden an die Wand oder an die symbolischen Kinderfiguren geheftet.

2. **Arbeit im Stuhlkreis:** Bereits durchgenommene Piktogramm- und Dialogkarten befinden sich in der *boîte-surprise*. Nach dem Zufallsprinzip werden einzelne Karten gezogen. Pärchenweise werden die Dialogsituationen im Stuhlkreis durchgespielt.

3. **Arbeit in Tischgruppen:** In den Tischgruppen erhalten die Kinder die Dialogkarten für die *boîte-surprise* der Tischgruppe, um sich selbst gegenseitig auszufragen. Es hat sich herausgestellt, dass die Kinder relativ schnell das Schriftbild korrekt umsetzen können. Es entsteht dann an den Tischgruppen eine lebhafte französische Konversation.

4. **Partnerarbeit** (falls für die einzelnen Kinder *boîtes-surprise* angelegt worden sind): In der Partnerarbeitsphase erhalten die Kinder die Karten selbst, die sie in Briefumschlägen oder eigenen *boîtes* sammeln. Sie fragen sich dann partnerweise aus und antworten entsprechend ihren Möglichkeiten.

2.2.4 Aktivitätskarten: *Cartes-activité*

Die Aktivitätskarten (Kopiervorlagen s. Anhang IV) spielen in der Sequenzierung des Französischunterrichts eine bedeutende Rolle. Wie *le français en classe* sind sie Bestandteil des Sprachbads und trainieren die rezeptive Kompetenz der Schülerinnen und Schüler.

Sie gehen auf die Technik des *Total Physical Response (TPR)* zurück, die James J. Asher in seinem 1977 erschienenen Buch *Learning Another Language Through Actions*[1] entwickelt hat. Die Technik besteht darin, die Kinder in der Fremdsprache aufzufordern, bestimmte Anweisungen auszuführen. Sie lernen genau zuzuhören und auf Schlüsselwörter zu achten, die sie schon kennen. Sie äußern schnell Vermutungen über die auszuführende Handlung. Wegen der Bewegungskomponente der fremdsprachigen Anweisungen kann die TPR-Sequenz mit einer hohen Motivation der Schülerinnen und Schüler rechnen. Die Lehrkraft erhält eine sichere Rückmeldung über die rezeptive Kompetenz der Kinder. Diese wiederum erhalten über die Reaktion der Lehrkraft eine Rückmeldung über die Richtigkeit ihrer Ausführungs-Hypothese.

Die Aktivitätskarten sollten als Fundus für zusätzliches Sprachtraining angesehen werden. Sie sind nicht linear an den Wortschatz der einzelnen Lektionen gebunden. Deshalb kann die Lehrkraft beliebig und eigenständig die Auswahl für einen situationsgerechten Einsatz treffen. Auch bei den Aktivitäten gilt: „Wiederholung macht den Meister!" Es kann durchaus vorkommen, dass der Wortschatz einer betreffenden *activité* noch nicht bekannt ist. In diesem Fall liegt es an der Lehrkraft, den Kindern die Bedeutung zu vermitteln.

Das *s'il te plaît* kann die Lehrkraft mit den Kindern schon ganz am Anfang des Französischkurses besprechen, so dass es sich bei den Anweisungen von alleine ergibt.

Zunächst wird die Lehrkraft selbst die Anweisungen geben, die Kinder werden die Aktionen mitverfolgen. Ziel ist es aber, dass sie sich mit der Zeit ganz selbstständig untereinander die Anweisungen geben können. Dazu ist es notwendig, dass sie sich nach und nach das Schriftbild der Aktivitätskarten einprägen. Deshalb müssen auch diese Karten, nachdem eine neue Aktivität eingeführt wird, gut sichtbar in Verbindung mit dem Auftrag präsentiert werden. Früher oder später kann man dann dazu übergehen, einzelne Karten in die *boîte-surprise* des Stuhlkreises oder der Tischgruppe zu geben. Im weiteren Verlauf lassen sich sogar in Partnerarbeit mit den Aktivitätskarten ganze Unterrichtsphasen durchführen.

---

[1] James J. Asher: *Learning Another Language Through Actions. The Complete Teacher's Guidebook.* Los Gatos, CA, 1977

Reyher, Ulrich: *Parlons français avec Minnie et Minou/4. Schuljahr*
© Auer Verlag GmbH, Donauwörth

3. Die einzelnen Unterrichtsstunden

3.1 Kapitel- und Themenübersicht

Schülerband 1

Nr.	Leitfrage bzw. Leitsatz	Thema
1	*Voilà ma classe!*	Vorstellen (Wiederholung)
2	*Voilà ma classe!*	Vorstellen (Wiederholung)
3	*Me voilà!*	Sich vorstellen/ beschreiben
4	*D'où viens-tu?*	Herkunft/Länder
5	*Quelles sont tes matières à l'école?*	Schulfächer
6	*Quelle est ta matière préférée à l'école?*	Schulfächer
7	*Interview*	Wiederholung
8	*Qu'est-ce qu'il y a dans ta trousse?*	Klassenzimmer
9	*Qu'est-ce qu'il y a dans ta trousse?*	Klassenzimmer
10	*Qu'est-ce qu'il y a dans ton cartable?*	Klassenzimmer
11	*Qu'est-ce qu'il y a dans la salle de classe?*	Klassenzimmer
12	*Où est Minou?*	Frage „Wo?" (Wiederholung)
13	*Interview*	Wiederholung
14	*Répétons les nombres!*	Zahlen bis 100 (Wiederholung)
15	*Répétons les noms des animaux!*	Tiere (Wiederholung)
16	*Interview*	Wiederholung
17	*Tu sais les noms des mois?*	Monate
18	*C'est quel jour aujourd'hui?*	Datum
19	*Quand as-tu ton anniversaire?*	Datum/ Geburtstag (Wiederholung)
20	*Quel temps fait-il?*	Wetter
21	*Quel temps fait-il?*	Wetter
22	*Quelles sont les 4 saisons?*	Jahreszeiten
23	*Qu'est-ce que tu portes?*	Jahreszeiten/ Kleidung (Wiederholung)
24	*Interview*	Wiederholung
25	*Que fais-tu?*	Aktivitäten (Sport)
26	*Que fais-tu?*	Aktivitäten (Musik)
27	*Qu'est-ce que tu aimes?*	Aktivitäten
28	*Interview*	Wiederholung
29	*Qui est-ce?*	Beschreibung (Wiederholung)
30	*Dialogue*	Wiederholung

Schülerband 2

Nr.	Leitfrage bzw. Leitsatz	Thema
1	*Quelle heure est-il?*	Uhrzeit
2	*Quelle heure est-il?*	Uhrzeit
3	*Que fais-tu?*	Aufstehen/ Schlafengehen
4	*Comment vas-tu à l'école?*	Verkehrsmittel
5	*C'est quel nombre?*	Hunderter- zahlen bis 1000
6	*Comment ça va?*	Befinden
7	*Comment ça va?*	Kranksein
8	*Qu'est-ce que c'est? Les parties du corps*	Körperteile
9	*Qu'est-ce que c'est? Les parties du corps*	Körperteile
10	*Tu as peur du monstre?*	Körperteile
11	*Tu chausses du combien?*	Schuhgröße
12	*Interview*	Wiederholung
13	*Qu'est-ce que tu aimes? Les aliments*	Lebensmittel
14	*Qu'est-ce que tu aimes? Les boissons*	Getränke
15	*Voilà une salade de fruits!*	Obst
16	*On va faire les courses?*	Einkaufen
17	*Interview*	Wiederholung
18	*Au petit déjeuner Un dialogue*	Am Frühstücks- tisch
19	*Où habites-tu?*	Zu Hause
20	*Qu'est-ce qu'il y a dans ta chambre?*	Zu Hause
21	*Qu'est-ce qu'il y a dans la cuisine?*	Zu Hause
22	*Qu'est-ce qu'il y a dans la salle de bains?*	Zu Hause
23	*Qu'est-ce qu'il y a dans le salon?*	Zu Hause
24	*Interview*	Wiederholung
25	*Que fais-tu?*	Aktivitäten und Wetter
26	*Que fais-tu?*	Aktivitäten und Wetter
27	*Grande interview*	Wiederholung
28	*Dans la cuisine Un dialogue*	Obst/Essen
29	*Bon appétit! Un dialogue*	Geburtstag/ Essen
30	*Test*	Gesamtwieder- holung

3.2 Schematischer Ablauf einer Unterrichtsstunde

Schritt	Aktivität und eingesetzte Mittel	Ziel
1. Begrüßung	Begrüßungsritual und Fragen nach der Situation der Klasse	Training des globalen Hörverstehens
2. Aktivitätsphase	Arbeit mit **Aktivitätskarten** 1. Wiederholung 2. Einführung neuer Karten	
3. Kurz-Dialog der Leitfiguren	Präsentation des *Minnie-Minou*-Dialogs 1. Wiederholung des Dialogs aus vorheriger Stunde 2. Neuer Dialog mit Tafelanschrieb	
4. Erarbeitung neuer Redestrukturen	(1. Wiederholung) 2. Einführung einer Leitfrage oder eines Leitsatzes, zunächst akustisch, dann mithilfe der **Piktogrammkarte** (visuell), ggf. Einsatz der **Bildkarten** bei der Einführung neuer Vokabeln 3. Probehandeln: Spielen der Dialogsituation mit einzelnen Kindern 4. Dialogschulung im Stuhlkreis oder vor der Klasse 5. Einführung des Schriftbildes der Leitfrage oder des Leitsatzes mithilfe der **Dialogkarte**	Training des Leitfragen- bzw. des Leitsatzmoduls
5. Arbeitsauftrag	1. Bearbeitung der **Einführungsseite** im *cahier d'exercices* 2. Bearbeitung der **Aufgabenseite** im *cahier d'exercices*	Individuelle Umsetzung und Reflexion mit Hilfe und Unterstützung der Lehrkraft
6. Schüleraktivität	Partner-, Gruppen- oder Tischgruppenarbeit mit verschiedenen Handkarten (*boîtes-surprise*)	Training der kommunikativen Kompetenz
7. Rhythmisierung und Lieder	Rhythmisches Sprechen/ Lieder	Schulung der Aussprache, des flüssigen Sprechens und der Satzmelodieführung (Prosodie)
8. Abschluss	Abschluss- bzw. Abschiedsritual	Training des globalen Hörverstehens

Im Folgenden werden Hinweise zu den einzelnen Unterrichtsstunden gegeben, die in der Regel nach obigem Muster ablaufen.

Reyher, Ulrich: Parlons français avec Minnie et Minou/4. Schuljahr
 © Auer Verlag GmbH, Donauwörth

3.3 Schülerband 1: Anmerkungen zu den Lektionen

Lektion 1/1: *Voilà ma classe!*

Hinweis zum Dialog
Die Redewendung *je suis ravi* sollte mit der entsprechenden Intonation mehrmals wiederholt werden. Statt *de te revoir* kann man natürlich auch *de te voir* benutzen. Der Kurzdialog *Ça va?* – *Ça va bien, et toi?* dürfte keine Schwierigkeiten bereiten. Deshalb könnte er mit den Kindern nachgespielt werden.

Hinweis zu den Aufgaben
Exercice 1: Dies ist eine fächerübergreifende Übung zum räumlichen Denken. Wenn der Platz für die Zeichnung nicht ausreicht, sollten die Kinder den Klassenplan auf ein extra Blatt zeichnen und einkleben.

Rhythmisierung
Mit der Redewendung aus dem Dialog bietet sich eine kleine (rein mündliche!) Konjugationsübung an:
Je suis ravi – de te revoir.
Il est ravi – de te revoir.
Elle est ravie – de te revoir.

Nous sommes ravis – de te revoir.
Ils sont ravis – de te revoir.
Elles sont ravies – de te revoir.

Voilà ma classe.
C'est la classe 4a (b, c).

Je suis en classe 4a (b, c). Je suis à l'école …
Nous sommes en classe 4a (b, c). Nous sommes à l'école …

Spiele/Aktionen
Zur Ortspräposition *à côté de* könnte folgendes Spiel durchgeführt werden:
Ein Kind kommt nach vorne an die Tafel. Ein zweites Kind wird vor die Tür geschickt. Nun stellt sich ein Junge oder ein Mädchen neben das Kind an der Tafel, das vor der Tür bekommt die Augen verbunden und wird hereingeführt. Es hat nun drei Fragen frei, um herauszubekommen, wer neben dem Kind an der Tafel steht. Zum Beispiel: *Tu es une fille? Comment ça va? Tu as un frère?* Dann muss es seine Vermutung formulieren: *… est à côté de …*
Wenn es stimmt, wiederholt die Klasse den richtigen Satz. Wenn es nicht stimmt, wird die Verneinung versucht: *… n'est pas à côté de …*
Hat das Kind richtig geraten, darf es sich selbst für die nächste Runde an die Tafel stellen.

Lektion 1/2: *Voilà ma classe!*

Hinweis zum Dialog
Material: Brille(n)
Der Dialog hat nicht direkt etwas mit dem „Klassenthema" zu tun. Die Schülerinnen/Schüler sollten sich – im Hinblick auf Lektion 1/3 – das französische Wort für „Brille" merken und herausbekommen, dass *Minou* ein bisschen wichtig tut mit seiner Brille.

Hinweis zur Einführungsseite
Die Haarfarbenbezeichnungen *blond, châtain, roux* sind neu. Die Untersuchung der Haarfarben in der Klasse ist sehr motivierend!

Hinweis zu den Aufgaben
Exercices 3, 4, 5: Im 4. Schuljahr empfiehlt es sich, die Lösungen der Übungen oder auch die Beispielsätze von den Kindern vorlesen zu lassen. Das ist am Anfang nicht ganz einfach, sollte aber während des 4. Schuljahrs durchgängig trainiert werden. Auch die Lösung der Übersetzungsübung *exercice 5* sollte mehrmals vorgelesen werden (auf Aussprache achten!).

Rhythmisierung
Ein blondes Kind: *J'ai les cheveux blonds.*
Alle blonden Kinder: *Nous avons les cheveux blonds.*
Ein braunhaariges Kind: *J'ai les cheveux châtains.*
Alle braunhaarigen Kinder: *Nous avons les cheveux châtains.*
(das Gleiche für die schwarz- und rothaarigen Schülerinnen/Schüler)

Ein Kind mit Brille: *J'ai des lunettes.*
Alle Kinder mit Brille: *Nous avons des lunettes.*

Spiele/Aktionen
Bei dieser Lektion kann man körperbetonte Aktionen durchführen, indem man die Kinder mit den jeweils gleichen Haarfarben zu bestimmten Aktivitäten auffordert, z. B.:
*Tous les enfants qui ont les cheveux blonds **lèvent les mains**.*
*Tous les enfants qui ont les cheveux noirs **sautent**.*
*Tous les enfants qui ont les cheveux châtains **vont au tableau**.*

Lektion 1/3: *Me voilà!*

Hinweis zum Dialog
Lire und *livre* sowie *mes lunettes* sollten bekannt sein, ebenso wie *C'est une bonne idée.*

Deshalb sollte es den Kindern leicht fallen, den Dialog zu verstehen. *Je t'écoute* sollte in den passiven Wortschatz übergehen. Die Lehrkraft könnte in Zukunft dann immer, wenn ein Kind etwas vorlesen soll, auf diese Redewendung zurückgreifen.

Hinweis zur Einführungsseite
Es empfiehlt sich, die Messung der Körpergrößen auf mehrere Stunden zu verteilen, sie aber sehr „fremdsprachen-kommunikativ" durchzuführen. Auf einem großen Plakat können – mit Hilfe der Lehrkraft – in Form einer Tabelle auf Französisch die Merkmale der Schülerinnen/Schüler notiert werden.
Achtung: Die Farbe *marron* wird im Plural nicht angeglichen!

Hinweis zu den Aufgaben
Exercice 8 eignet sich gut als Vorleseübung (auf Aussprache achten!).

Rhythmisierung
Da in dieser Lektion die Augenfarben wiederholt werden, könnte man eine rhythmische Übung zu den Augenfarben durchführen:
Ein blauäugiges Kind: *J'ai les yeux bleus.*
Alle blauäugigen Kinder: *Nous avons les yeux bleus.*
Ein Kind mit braunen Augen: *J'ai les yeux marron.*
Alle Kinder mit braunen Augen: *Nous avons lex yeux marron.*
(usw., entsprechend mit den Kindern mit grünen Augen)
Eine ähnliche rhythmische Übung lässt sich mit den Brillenträgern und den Kindern mit Sommersprossen durchführen.

Spiele/Aktionen
- Körperbetonte Aktionen wie in 1/2, diesmal unterschieden nach Augenfarben, Sommersprossen und Brillen.
- Um die Beschreibungsmerkmale zu festigen, können auch gut Ratespiele durchgeführt werden, bei denen ein Kind mit verbundenen Augen durch gezielte Fragen (z. B. *Tu as les yeux bleus? ...*) ein anderes Kind erkennen soll. Damit nicht direkt anhand der Stimme erkannt wird, um wen es sich handelt, kann vorab vereinbart werden, wie die Antworten verschlüsselt werden, z.B. „Ja" ist durch einmal klatschen, „Nein" durch zweimal klatschen (Frapper des mains une fois/2 fois) anzuzeigen.

Hinweis zum Dialog
Drei Schlüsselwörter, die die Kinder sich einprägen sollten, spielen hier eine Rolle: *une maison, un jardin, une cuisine.* Die Lehrkraft könnte *en passant* auf die Redewendung *il y a* und die Verneinung *il n'y a pas* eingehen.

Hinweis zur Einführungsseite
Je nachdem, welche Nationalitäten in der Klasse vertreten sind, sollte die Lehrkraft die entsprechenden Länderbezeichnungen (mit entsprechendem Artikel!) bereithalten und im Dialog mit den Kindern einführen. Hierzu kann eine Weltkarte im Klassenraum aufgehängt werden und beispielsweise mit Namensschildchen bestückt werden.

Hinweis zu den Aufgaben
Exercice 10: Vorlesen lassen und auf die Aussprache achten!
Exercice 11: Auf fehlerfreies Abschreiben achten!

Rhythmisierung
In zwei Gruppen können abwechselnd die Fragen *Où habites-tu ?* und *D'où viens-tu ?* gestellt werden.
Où habites-tu ? – *D'où viens-tu ?*
Wieder als kleine, „unauffällige" Konjugationsübung:
Où habite-t-il ? – *D'où vient-il ?*
Où habite-t-elle ? – *D'où vient-elle ?*

Spiele/Aktionen
Im 4. Schuljahr sollte auch ein bisschen Landeskunde betrieben werden. Deshalb empfiehlt sich die Anschaffung einer französischen Landkarte, um die größten Städte kennen zu lernen. Es könnten kleine Karten mit französischen Städtenamen geschrieben werden, die dann an einzelne Kinder ausgeteilt werden, damit sie sich dem entsprechenden Dialog stellen.

Lektion 1/5: *Quelles sont tes matières à l'école ?*

Hinweis zum Dialog
Das Verb *dessiner* ist den Schülerinnen/ Schülern schon bekannt. Also werden sie den Dialog schnell verstehen, besonders deshalb, weil ja am Schluss Minou sein bekanntes Müdigkeitssprüchlein aufsagt. Die Wendung *par exemple* sollte in den passiven Wortschatz übergehen. Aus *On pourrait dessiner ...* sollte die Frageform *Qu'est-ce qu'on pourrait dessiner?* entwickelt werden. Der Schlusssatz von

Reyher, Ulrich: Parlons français avec Minnie et Minou/4. Schuljahr
© Auer Verlag GmbH, Donauwörth

Minou sollte von allen Kindern inzwischen locker gesprochen werden können!

Hinweis zur Einführungsseite

Wenn der Platz für den eigenen Stundenplan nicht ausreicht, sollte er auf ein extra Blatt geschrieben und eingeklebt werden. Es empfiehlt sich, den Stundenplan der Klasse auf Französisch auf ein Plakat zu schreiben und aufzuhängen.

Rhythmisierung

Es können die Adjektive *facile* und *difficile* vorgegeben und dann rhythmische Übungen durchgeführt werden, indem die Fächer entsprechend geordnet werden.
Beispiel:
Les maths – C'est difficile ou c'est facile ?
– C'est facile !
Les disciplines d'éveil – C'est difficile ou c'est facile ?
– C'est facile !
La musique – C'est difficile ou c'est facile ?
– C'est facile !
usw.

Spiele/Aktionen

In dieser Lektion kann man das Verb *dessiner* aufgreifen und verschiedene Zeichenspiele anbieten.
Beispiel: Die Lehrkraft teilt die Klasse in zwei Gruppen auf, die sich vor der Tafel aufstellen. Sie gibt dann auf Französisch Anweisungen, was zu zeichnen ist. Es bekommt immer die Gruppe einen Punkt, die den geforderten Gegenstand richtig und am schnellsten gemalt hat.

Lektion 1/6: *Quelle est ta matière préférée à l'école?*

Hinweis zum Dialog

Préféré(e) kennen die Kinder schon aus dem letzten Schuljahr. Also werden sie den Dialog ohne weiteres verstehen. Den Begriff *récréation* sollte man ruhig erraten lassen. Da es sich um eine sehr angenehme „matière" handelt, werden die Kinder den Begriff sicher schnell speichern!

Hinweis zur Einführungsseite

J'aime und *je n'aime pas* sind elementare Gefühlsäußerungen. Erfahrungsgemäß fällt es den Kindern relativ schwer, diese Begriffe zu speichern, weil sie so ganz anders als die entsprechenden deutschen Begriffe klingen. Deshalb muss *j'aime* und *je n'aime pas* besonders oft wiederholt werden.

Hinweis zu den Aufgaben

Exercice 12: Hier wird *aimer* in der 3. Person Singular konjugiert (einschließlich Verneinung). Es empfiehlt sich an dieser Stelle, auch immer wieder die Frage an die Kinder zu stellen: *Et toi, qu'est-ce que tu aimes ? Tu aimes l'allemand ?*

Rhythmisierung

Ganz wichtig sind in dieser Lektion rhythmische Übungen zu *j'aime* und *je n'aime pas*.
Beispiel:
J'aime la musique – je n'aime pas les maths.
J'aime le français – je n'aime pas le dessin.
Dabei können ruhig „Vorliebe"-Gruppen gebildet werden, die die entsprechenden Präferenzen auf Französisch vorstellen.

Spiele/Aktionen

Es spricht nichts dagegen, in der Klasse eine entsprechende Umfrage (*un sondage*) zu machen über die Lieblingsfächer und die Fächer, die die Schülerinnen/Schüler nicht so gern mögen. In Form eines Plakates könnte dies festgehalten werden.
Interessant wäre natürlich in diesem Zusammenhang die Frage: *Pourquoi ?* Einen Versuch wäre es schon wert herauszufinden, ob die Kinder dazu schon irgendwie fremdsprachlich Stellung nehmen können. Oft sind sie erfinderischer, als man denkt! Wenn ihnen ein Fach nicht gefällt, weil es zu langweilig ist, kommt nicht selten die Ein-Wort-Antwort: *fatigué.* Das ist immerhin ein Hinweis, den man aufgreifen kann!

Lektion 1/7: *Interview*

Hinweis zum Dialog

Die Formulierungen *poser quelques questions* oder *poser une question* müssten in den passiven Wortschatz der Kinder übergehen, ebenso wie *tu m'énerves* (bekannt aus dem 3. Schuljahr).

Hinweis zu den Aufgaben

Exercice 15: Dies ist eine anspruchsvolle Übung, weil die Kinder zu vorgegebenen Antworten die entsprechenden Fragen finden und schreiben müssen. Hierzu dürfen sie natürlich auf vorherige Seiten zurückgreifen. Zur orthographischen Absicherung müssten die Fragen unbedingt an die Tafel geschrieben werden.

Rhythmisierung

Man kann zur Wiederholung den Dialog aufgreifen und variieren:

Tu as faim ?   – *Oui, j'ai faim.*
Tu as soif ?   – *Oui, j'ai soif.*
Tu es fatigué … ?   – *Oui, je suis fatigué.*
Tu veux dormir ?   – *Oui, je veux dormir.*

Entsprechende rhythmische Übungen in der 3. Person Sg.:
Il a faim ?   – *Oui, il a faim.*
Il a soif ?   – *Oui, il a soif.*
usw.

Spiele/Aktionen

Material: Kassettenrekorder, Leerkassette, Mikrofon

Die Durchführung von Interviews kann – wie im letzten Schuljahr – mit Kassettenrekorder und Mikrofon erfolgen. Dies ist eine Aktivität, die während der nächsten Stunden immer wieder am Ende der Stunde oder während Einzelarbeitsphasen fortgesetzt bzw. zu Ende geführt werden kann. Am besten arbeiten immer dieselben Kinder zu zweit zusammen. Erst stellt das eine Kind die Fragen und das andere antwortet, dann werden die Rollen getauscht. Die Kinder müssen die Gelegenheit erhalten, die Kassette abzuhören. Mit der Zeit gewinnen sie Routine beim Interviewen!

Wenn die Lehrkraft über die entsprechenden technischen Mittel verfügt, könnte sie am Schluss des Schuljahrs die Interview-Kassette für die Kinder als Erinnerungskassette kopieren. So haben sie nicht nur eine Erinnerung an ihren Grundschul-Französisch-Unterricht, sondern auch ein „Portfolio"-Dokument für die weiterführende Schule.

Lektion 1/8: *Qu'est-ce qu'il y a dans ta trousse ?*

Hinweis zum Dialog

Wenn *la gomme* eingeführt ist, können die Kinder den Dialog verstehen. In den passiven Wortschatz müssten folgende Redewendungen übergehen: *Je suis désolé(e)!, j'ai oublié …, tu me prêtes …*

Hinweis zu den Aufgaben

Exercice 17: Die Aussprache der beiden Fragen sollte zunächst noch einmal gut geübt werden sowie natürlich die möglichen Antwort-Varianten.

Exercice 18: Nach Erledigung vorlesen lassen (Aussprache!).

Exercice 19: Nach Erledigung vorlesen lassen (Aussprache!).

Rhythmisierung

Eine anspruchsvolle rhythmische Übung könnte aus dem Dialog abgeleitet werden:
Je suis désolé, je n'ai plus de gomme.
Je suis désolé, je n'ai plus de stylo.
Je suis désolé, je n'ai plus de crayon.
Je suis désolé, je n'ai plus de crayons de couleur.
usw.

Spiele/Aktionen

Zum Trainieren der Begriffe für die Gebrauchsgegenstände in der Schule bieten sich z. B. folgende Spiele an:

- Ein Kind steht vorne und hält für alle sichtbar eine Wortkarte hoch (z. B. *la gomme*), daraufhin sollen alle Kinder ihren Radiergummi hochhalten.
- Einfach und dennoch sehr beliebt ist auch folgende Spielvariante: Die Lehrkraft steht vorne und sagt: *Minou dit: »Montrez-moi une gomme!«* Daraufhin sollen alle Kinder ihren Radiergummi hochhalten. Wird die Einleitung *Minou dit …* aber weggelassen (*»Montrez-moi une gomme!«*), dürfen die Kinder die Aufforderung hingegen nicht ausführen.
- Es wird in kleinen Gruppen oder zu zweit gespielt. Auf dem Tisch liegen verdeckt die Wortkarten, daneben die Gegenstände (Radiergummi, Füller, Bleistift, Buntstifte, ggf. noch weitere bekannte Gegenstände). Der Reihe nach wird eine Karte aufgedeckt und dann der entsprechende Gegenstand ausgewählt. Ist die Wahl richtig getroffen worden, darf das Kind das Paar behalten.
- Memory mit Wort- und Bildkarten

Lektion 1/9: *Qu'est-ce qu'il y a dans ta trousse ?*

Hinweis zum Dialog

Die Formulierungen *gommer* und *Il a l'air de …* sollten in den passiven Wortschatz übergehen. *Cochon d'Inde* muss den Kindern erklärt werden.

Hinweis zu den Aufgaben

Exercices 21 + 22: Nach Besprechung der Lösungen vorlesen lassen (auf die Aussprache achten!).

Rhythmisierung

Fortsetzung der *Je-suis-désolé*-Übung (s. Lektion 1/8) mit den neuen Begriffen.

Reyher, Ulrich: Parlons français avec Minnie et Minou/4. Schuljahr
© Auer Verlag GmbH, Donauwörth

Spiele/Aktionen

Siehe Spielideen zu Lektion 1/8, erweitert um die neu hinzugekommenen Begriffe.

Lektion 1/10: *Qu'est-ce qu'il y a dans ton cartable ?*

Hinweis zum Dialog

In diesem Dialog sind drei wichtige Adjektive des französischen Grundwortschatzes: *grand*, *beau*, *lourd*. Es bietet sich an, nach Besprechung des Dialogs die Gegensatzpaare an der Tafel zu notieren: *grand – petit*, *beau – laid*, *lourd – léger*.

Hinweis zur Einführungsseite

Besonders interessant für die Kinder ist natürlich das *goûter*. Man sollte sich ruhig Zeit nehmen, das *goûter* zu besprechen, auf Verlangen die entsprechenden Vokabeln einzuführen und auf einem Poster oder an der Tafel zu notieren (Lebensmittel werden in Schülerband 4/2, Lektionen 13 ff. thematisiert).

Hinweis zum Test

Dieser Test ist wirklich nicht schwer. Bei der ersten Aufgabe sollten die Schülerinnen/Schüler darauf hingewiesen werden, dass es auf ordentliches Ausmalen ankommt und bei den Aufgaben 2 und 3 auf orthographisch korrekte Schreibung. Die Kinder können in vorherigen Lektionen nachschauen. Bei der Besprechung des Tests sollte wieder alles vorgelesen werden.

Rhythmisierung

Je suis désolé, je n'ai plus de cartable.
Je suis désolé, je n'ai plus de trousse.
Je suis désolé, je n'ai plus de cahier.
Je suis désolé, je n'ai plus de livre.
Je suis désolé, je n'ai plus de goûter.

Spiele/Aktionen

Siehe Spielideen zu Lektion 1/8, erweitert um die neu hinzugekommenen Begriffe.

Lektion 1/11: *Qu'est-ce qu'il y a dans la salle de classe ?*

Hinweis zum Dialog

Das Adjektiv *lourd* (Gegenteil: *léger*) sollte bereits in den passiven Wortschatz der Kinder übergegangen sein (s. Lektion 1/10). Auch *J'ai oublié…* ist eine wichtige Formulierung, die im Klassengespräch mündlich immer wieder aufgegriffen werden kann.

Hinweis zu den Aufgaben

Exercice 25: Hier kann natürlich dadurch Hilfestellung gegeben werden, dass die Utensilien eines Mäppchens an der Tafel notiert werden. Hier kommt es darauf an, dass die Schülerinnen/Schüler sich unterhalten!

Rhythmisierung

Dans la salle de classe,   –
       il y a un tableau.
Dans la salle de classe,   –
       il y a un bureau.
Dans la salle de classe,   –
       il y a une armoire.
Dans la salle de classe,   –
       il y a une porte.
Dans la salle de classe,   –
       il y a … fenêtres.
Dans la salle de classe,   –
       il y a … tables.
Dans la salle de classe,   –
       il y a … chaises.

Dies kann beliebig erweitert werden um alle Gegenstände, die im jeweiligen Klassenraum vorhanden sind und die die Kinder bereits benennen können. Ergänzungen können sie auch freiwillig einzeln vortragen.

Spiele/Aktionen

- Es werden Wortkarten mit den Begriffen zu den Einrichtungsgegenständen des Klassenzimmers angefertigt (am besten etwas größer kopiert, laminiert und mit einer Schnur zum Aufhängen versehen). Eine Gruppe wird hinausgeschickt, während eine andere Gruppe die Wortkarten gut sichtbar an den entsprechenden Gegenständen aufhängt, wobei Fehler eingebaut werden. Die Kinder der erstgenannten Gruppe werden hereingerufen und sollen notieren, was falsch aufgehängt wurde.
- Variation: Die zweite Gruppe soll möglichst schnell die Karten richtig aufhängen.
- Je nach Situation in der Klasse können statt der Gruppen natürlich auch einzelne Kinder die Rollen übernehmen.

Lektion 1/12: *Où est Minou ?*

Hinweis zum Dialog

Tu es assis dessus ist nicht ganz einfach auszusprechen. Deshalb bietet sich hier das chorische Nachsprechen an (mit der entsprechenden Sitzbewegung!).

Hinweis zur Einführungsseite

Am besten ist es, wenn die Lage-Präpositionen mittels eines Stofftieres oder einer Handpuppe demonstriert werden können. Dies kann natürlich zu einem Spiel erweitert werden, bei dem das Tier/die Puppe immer wieder neu versteckt und beim Benennen des Verstecks *dans, sous, à côté de* (und *sur*) wiederholt wird.

Hinweis zu den Aufgaben
Exercice 26: Nach Erledigung vorlesen lassen (Aussprache!).
Exercice 28: Diese Aufgabe kann entweder individuell oder gemeinsam erarbeitet werden. Danach unbedingt vorlesen lassen (Aussprache!).

Rhythmisierung
Körperbetonte Übungen, z. B.:
Je suis sur la chaise. (auf den Stuhl steigen)
Je suis sous la chaise. (Stuhl über den Kopf halten)
Je suis à côté de la chaise. (schnell neben den Stuhl springen) usw.

Spiele/Aktionen
Zwei Kinder stehen vorne. Ein Kind nennt sich *Monsieur/Madame Pot-de-fleur* und wird von dem ersten Kind auf, unter oder neben etwas (z. B. einem Tisch) platziert. Der „Platzierer" darf nun jemanden drannehmen, der die Frage beantworten soll *Où est Monsieur/Madame Pot-de-fleur?* Hat dieser die Frage richtig beantwortet, übernimmt er nun die Rolle von *Monsieur/Madame Pot-de-fleur* und sein Vorgänger darf ihn platzieren. Das Spiel kann entweder auf das Setzen/Stellen um einen Gegenstand herum beschränkt werden (z. B. Tisch) oder auf den ganzen Raum ausgeweitet werden. Besonders lustig für die Kinder ist es, wenn auch die Lehrkraft sich mal als *Monsieur/Madame Pot-de-fleur* „platzieren" lässt!

Lektion 1/13: *Interview*

Hinweis zum Dialog
Laisse-moi tranquille müsste in den passiven Wortschatz übergehen. Die üblichen Minou-Aussagen *J'ai faim, j'ai soif, je suis fatigué et je veux dormir* können die Kinder wieder mitsprechen.

Hinweis zu den Aufgaben
Exercice 29: Diese Übung kann den Schülerinnen/Schülern durch den Hinweis auf die Fragen der Einführungsseite erleichtert werden.
Exercice 30: Nach Bearbeitung der Aufgabe alles vorlesen lassen (Aussprache!).

Rhythmisierung
Siehe Vorschlag zu Lektion 1/12.

Spiele/Aktionen
Siehe Vorschlag zu Lektion 1/7.

Lektion 1/14: *Répétons les nombres!*

Hinweis zum Dialog
Sowohl die Frage *Il y a combien de chats dans ta famille?* als auch die Antwort *Il y en a 35* könnte von der Klasse mitgesprochen werden.

Hinweis zu den Aufgaben
Exercice 31: Wiederholung der Formulierung *... plus/moins ... égalent ...*

Rhythmisierung
Hier bieten sich rhythmische Zahlenfolgen-Übungen an, also z. B. die Zehnerzahlen, die Zahlen zwischen den Zehnern oder Zahlenfolgen rückwärts (sehr schwierig!).

Spiele/Aktionen
Schülerinnen/Schüler stellen Rechenaufgaben. Es werden zur Ermittlung des „Rechenkönigs" Lösungspunkte verteilt. Dabei muss aber gewährleistet sein, dass nur der- bzw. diejenige Punkte bekommt, der/die auch korrekt die Lösung auf Französisch wiedergibt.
Weitere Spielmöglichkeiten mit Zahlenkarten und Schaumstoffwürfeln werden ausführlich im Lehrerhandbuch für das 3. Schuljahr (s. S. 19 und 32) vorgeschlagen.

Lieder
- *Mam'zelle Angèle* (s. Anhang V1)
- *Un kilomètre à pied*
- *Un éléphant*
- *Un petit cochon*
- *Un p'tit pouce qui marche*

(Noten und Text dieser Lieder s. Lehrerhandbuch für das dritte Schuljahr)

Lektion 1/15: *Répétons les noms des animaux!*

Hinweis zum Dialog
Diesen Dialog müssten die Kinder eigentlich sofort verstehen. Die Frage *Quel est ton animal préféré?* kennen sie bereits. Sie kann an dieser Stelle natürlich an die einzelnen Schülerinnen/Schüler gerichtet werden (s.a. Rhythmisierung).
Bien sûr müsste in den passiven Wortschatz übergehen.

Hinweis zur Einführungsseite
Man könnte versuchen die 13 Tierbegriffe vor-

Reyher, Ulrich: Parlons français avec Minnie et Minou/4. Schuljahr
© Auer Verlag GmbH, Donauwörth

lesen und übersetzen zu lassen – eine schöne Decodierungsübung!

Rhythmisierung
Dialog:
Quel est ton animal préféré, ... ? –
C'est le tigre.
Quel est ton animal préféré, ... ? –
C'est le chat.
usw.
Es kann ein Kind von einer Gruppe oder der Sitzordnung nach einzeln befragt werden.

Spiele/Aktionen

* Spielideen zum Thema Tiere werden im Lehrerhandbuch für das dritte Schuljahr (S. 26, 28, 29) gegeben.
* Da den Kindern inzwischen einige Möglichkeiten zur Verfügung stehen, ein Tier zu beschreiben (*grand*, *petit*, die Farben usw.), kann auch versucht werden, über Beschreibungen Tiere erraten zu lassen.
* Man könnte die Rhythmisierungsübung aufgreifen und sie umdrehen. Nachdem alle Kinder ihr Lieblingstier benannt haben, fragt ein einzelnes Kind: *Quel est mon animal préféré ?* Die anderen müssen sich nun erinnern.

Lieder

* *Trois poules* (s. Anhang V1)
* *J'ai vu le loup* (s. Anhang V2)

Lektion 1/16: *Interview*

Hinweis zum Dialog
Je t'aime bien und *Tu le sais bien* sollten in den passiven Wortschatz der Kinder übergehen.

Hinweis zu den Aufgaben
Exercice 35: Wiederholung der Lage-Präpositionen; die Sätze sollten laut und deutlich vorgelesen werden.

Rhythmisierung
Dialogübung:
Tu aimes (nom) ? – *Oui, je l'aime bien.*
Tu aimes les souris ? – *Oui, je les aime bien.*
Tu aimes les chats ? – *Oui, je les aime bien.*

Spiele/Aktionen
Interviews führen und auf Kassette aufnehmen, s. Hinweis zu Lektion 1/7.

Lektion 1/17: *Tu sais les noms des mois ?*

Hinweis zum Dialog
Noël sollte von den Kindern gespeichert werden.

Hinweis zur Einführungsseite
Es empfiehlt sich, bei den Monaten zuerst diejenigen Monate zu besprechen, die ähnlich wie im Deutschen klingen. Am meisten Schwierigkeiten bereiten *juin, juillet, août*. Auch *mai* ist nicht ganz einfach, weil es trotz identischer Schreibweise wie im Deutschen phonetisch ganz anders klingt.

Hinweis zu den Aufgaben
Exercice 37: Die französischen Wörter für „Woche" und „Tag" werden in diesem Zusammenhang wieder wichtig.

Rhythmisierung
Es ist ganz klar, dass die Abfolge der Monate von den Kindern beherrscht werden sollte. Also kommt es darauf an, sozusagen im „Dreiersprung" die Monate chorisch nachzusprechen.
Janvier, février, mars,
Avril, mai, juin,
Juillet, août, septembre,
Octobre, novembre, décembre.
Hier bietet sich eine ähnliche Übung zur Wiederholung der Wochentage an.

Spiele/Aktionen
Um die Monatsnamen in der richtigen Reihenfolge einzuprägen, können folgende Spiele durchgeführt werden:

* Es werden Karten mit den Monatsnamen hergestellt. Zwölf Kinder kommen nach vorne und bekommen jeweils eine Karte. Auf ein Signal hin sollen sie sich möglichst schnell in der richtigen Reihenfolge aufstellen. Wenn sie meinen fertig zu sein, rufen sie *Stop!*, lesen laut die Monate der Reihe nach vor und es wird geprüft, ob die Reihe richtig ist. Dann ist eine andere Gruppe dran.
* Wieder werden die Monatskarten an zwölf Kinder verteilt. Die Lehrkraft wählt ein Kind aus, das nach vorne kommen soll. Auf ein Signal hin muss es laut seinen Monatsnamen rufen und die Karte hochhalten, woraufhin die Kinder mit dem jeweiligen Vor- und Nachmonat sich möglichst schnell vor bzw. hinter dem Kind vorne aufstellen sollen. Je nach Anzahl der Kinder in

der Klasse können ggf. auch zwei Zwölfergruppen gleichzeitig spielen.

Lektion 1/18: *C'est quel jour aujourd'hui ?*

Hinweis zum Dialog
Les vacances sollte in den Wortschatz der Schülerinnen/Schüler übergehen. Außerdem können in diesem Zusammenhang die Jahreszeiten (Thema in Lektion 1/22) schon einmal erwähnt werden.

Hinweis zur Einführungsseite
Es empfiehlt sich, von der ersten Französischstunde an das Datum immer an der Tafel zu notieren und den Schülerinnen/Schülern vorzusprechen. Dadurch bekommen sie schon eine gewisse Verständnis-Routine und diese Lektion fällt ihnen dann nicht mehr schwer.
Da im Französischen beim Datum (außer beim ersten des Monats) die Kardinalzahlen verwendet werden, ist es im Vergleich zum Deutschen einfacher zu lernen!

Rhythmisierung
Verschiedene Datumsangaben könnten erarbeitet und rhythmisch nachgesprochen werden.

Spiele/Aktionen
Siehe Spielideen zu Lektion 1/17, diese können auch auf die Wochentage übertragen werden.

Lektion 1/19: *Quand as-tu ton anniversaire ?*

Hinweis zum Dialog
Quelle surprise ! sollte in den passiven Wortschatz übergehen. Ansonsten müssten die Kinder diesen Dialog leicht verstehen. Zur Veranschaulichung könnte hier natürlich ein *gâteau* bereitgestellt werden.

Rhythmisierung
Die Schülerinnen/Schüler sollten ihren Geburtstag auf größeren Kärtchen notieren. Jede/r kommt dran, indem sie/er sagt: *J'ai mon anniversaire …* Dann wird die Karte hochgehalten und das Datum von den anderen Kindern auf Französisch gesagt.
Die Vokabeln *bougie*, *cadeau* und *gâteau* (diese Begriffe sind für die Kinder nicht leicht auseinander zu halten!) sollten in diesem Zusammenhang durch rhythmisches Sprechen ebenfalls wiederholt werden.

Spiele/Aktionen
Es empfiehlt sich, einen großen Geburtstagskalender für den Klassenraum mit den Geburtstagsangaben auf Französisch herzustellen.
Spielideen zum Thema Geburtstag werden im Lehrerhandbuch für das dritte Schuljahr (s. S. 20) gegeben.

Lieder
- *Joyeux anniversaire*
- *Lundi matin*

(Noten und Text s. Lehrerhandbuch für das dritte Schuljahr)

Lektion 1/20: *Quel temps fait-il ?*

Hinweis zum Dialog
Die Formulierungen *Tu viens ?* und *Il faut aller à l'école* sollten in den Wortschatz der Kinder übergehen.

Hinweis zum Test
Es bleibt der Lehrkraft überlassen, ob sie die korrekte Schreibung der fehlenden Monatsnamen ohne Nachschlagemöglichkeit verlangt oder nicht.

Rhythmisierung
Il fait beau, il fait beau, il fait beau, il fait chaud.
Il fait mauvais, il fait mauvais, il fait mauvais, il fait froid.

Spiele/Aktionen
Mit Illustrationen zu *Il fait beau*, *Il fait mauvais*, *Il fait froid* und *Il fait chaud* könnte eine Wetteruhr für die Klasse hergestellt werden, um die Redewendungen immer wieder üben zu können.

Lieder
- *Il pleut, il mouille* (s. Anhang V3)

Lektion 1/21: *Quel temps fait-il ?*

Hinweis zum Dialog
Die Dialoge der Lektionen 1/20–22 und 1/24 bauen aufeinander auf und bilden eine kleine Geschichte. Daher ist es ab Lektion 2/21 besonders wichtig, die vorherigen Dialoge immer vorab kurz zu wiederholen oder zusammenzufassen.
In diesem Dialog wird zweimal die Verneinungsform gebraucht. Das könnte man zum Anlass für einen kleinen grammatischen Exkurs nehmen.

Reyher, Ulrich: Parlons français avec Minnie et Minou/4. Schuljahr
© Auer Verlag GmbH, Donauwörth

Hinweis zur Einführungsseite

Die Schülerinnen/Schüler sind immer sehr stolz, wenn sie etwas zusammenhängend vorlesen können. Die zwei „Wetterberichte" über Paris und München bieten sich dafür an.

Hinweis zu den Aufgaben

Exercice 44: Für die Wiederholung des Vokabulars zur Kleidung sollte genügend Zeit eingeplant werden. Es könnten z.B. anschließend auch Spiele zum Thema durchgeführt werden.

Rhythmisierung

Il fait beau. Le ciel est bleu. Il fait chaud. Le soleil brille.
Il fait mauvais. Le ciel est gris. Il fait froid. Il pleut.
usw.

Spiele/Aktionen

- Anwendung der Wetteruhr (s. Lektion 1/20)
- Hier können Städte- und Ländernamen, die in Lektion 1/4 eingeführt wurden, in Verbindung mit dem Wetter wiederholt werden. Eine Karte wird aufgehängt. Es werden Kärtchen mit Städtenamen (blau) und solche mit Wetterangaben (rot) verteilt. Jeder muss nun „seine" Stadt auf der Karte zeigen und formulieren, welches Wetter dort gerade herrscht.
- Es kann auch mit echten Wetterberichten gearbeitet werden.

Lieder

- *Il pleut, il mouille* (s. Anhang V3)

Lektion 1/22: *Quelles sont les 4 saisons ?*

Hinweis zum Dialog

Siehe Hinweis zu Lektion 1/21.
Teile des Dialogs sind reine Wiederholungen, also schnell zu verstehen. *Parapluie* und *paresseux* sollten in den passiven Wortschatz übergehen.

Hinweis zur Einführungsseite

Die französischen Begriffe für die Jahreszeiten fallen den Kindern erfahrungsgemäß schwer. Man braucht viel Geduld für die vier Vokabeln!

Hinweis zu den Aufgaben

Exercice 45: Fortsetzung der Wiederholung des Vokabulars zu „Kleidung" (s. Hinweis zu den Aufgaben von Lektion 1/21).
Exercice 47: Nach Fertigstellung der Tabelle unbedingt vorlesen lassen!

Rhythmisierung

Es führt kein Weg daran vorbei: Die vier Jahreszeiten müssen auch durch rhythmisches Sprechen erarbeitet werden:

Le printemps	–	*le printemps*
L'été	–	*l'été*
L'automne	–	*l'automne*
L'hiver	–	*l'hiver*

Dies kann gut mit Angaben zum Wetter kombiniert werden:

Le printemps	–	*Il fait beau.*

usw.

Spiele/Aktionen

- Herstellung einer Jahreszeitenuhr analog zur Wetteruhr (s. Lektion 1/20).
- In einer Kiste werden möglichst viele Gegenstände mitgebracht, die jeweils typisch für eine Jahreszeit sind (z.B. Weihnachtsbaumschmuck, Osterei, Blume, Regenschirm, Handschuhe, …). Jedes Kind nimmt sich blind einen Gegenstand aus der Kiste und soll sagen, welche Jahreszeit damit symbolisiert wird.
- Variation: Es wird eine festgelegte Anzahl von typischen Gegenständen zu den Jahreszeiten gut gemischt ausgelegt. Auf vier Karten steht jeweils eine Jahreszeit. Zwei Gruppen spielen um die Wette. Jede Gruppe zieht eine Karte und versucht nun, so schnell wie möglich die Gegenstände zu dieser Jahreszeit zusammenzusuchen. Die Gruppe, die als erste fertig ist, hat gewonnen.

Lieder

- *Il pleut, il mouille* (s. Anhang V3)

Lektion 1/23: *Qu'est-ce que tu portes ?*

Hinweis zum Dialog

Imperméable sollte ebenso wie *parapluie* im Dialog von Lektion 22 in den Wortschatz der Kinder übergehen.

Hinweis zur Einführungsseite

Hier kommt es darauf an, dass die Kinder sich einprägen, dass es **en** *hiver*, **en** *été*, **en** *automne* aber **au** *printemps* heißt!

Rhythmisierung

Wiederholung der Jahreszeiten

Spiele/Aktionen

- Anwendung der Jahreszeitenuhr

- Siehe Spielideen zu Lektion 1/22; als Gegenstände, die die Jahreszeiten symbolisieren, können hier natürlich gut (eindeutig zuordenbare) Kleidungsstücke eingesetzt werden.
- Zum Thema Kleidung werden im Lehrerhandbuch für das dritte Schuljahr weitere Spielideen gegeben (s. S. 36/37).

Lieder

- *Mon chapeau a quatre bosses* (s. Anhang V3)
- *Prom'nons-nous dans les bois* (s. Anhang V2)

Lektion 1/24: *Interview*

Hinweis zum Dialog
Siehe Hinweis zu Lektion 1/21.
Dépêche-toi! ist eine wichtige Redewendung, die unbedingt gespeichert werden sollte.

Rhythmisierung
Die Fragen des Interviews und die zugehörigen Antworten sollten im Gruppen-Dialog rhythmisch gesprochen werden.

Spiele/Aktionen
Siehe Hinweise zu Lektion 1/7.

Lektion 1/25: *Que fais-tu?*

Hinweis zum Dialog
Torhüter = *le gardien de but* ist eine wichtige Vokabel! *Le foot* ist eine gängige Abkürzung für *le football*.

Hinweis zur Einführungsseite
Es geht um das Thema Sport. Die verschiedenen Sportarten sollten von den Schülerinnen/Schülern pantomimisch dargestellt werden. Achtung: Die Kinder müssen darauf aufmerksam gemacht werden, dass es im Französischen heißt: *Je joue au football, Je joue au basket-ball.*
Hier sollten Sportarten ergänzt werden, die von den Kindern der Klasse ausgeübt und hier nicht aufgeführt werden (*faire du cheval, jouer au tennis, faire de l'athlétisme* usw.).

Rhythmisierung
Ein Kind kommt nach vorne und macht eine Sportart pantomimisch vor. Die anderen Schülerinnen/Schüler erklären die Sportart, z.B. *Je fais de la natation.*

Spiele/Aktionen
Siehe Rhythmisierungsübung, in Partnerarbeit oder in Gruppen.

Lektion 1/26: *Que fais-tu?*

Hinweis zur Einführungsseite und zum Dialog
In dieser Lektion geht es um das Musizieren. Wie bei den Sportarten in Lektion 1/25 sollten die verschiedenen Musikinstrumente von den Schülerinnen/Schülern pantomimisch dargestellt werden. Achtung: Bei Musikinstrumenten heißt es im Französischen: *Je joue d'un instrument de musique, du piano, de la batterie, de la guitare.*
Auch hier sollte die Liste um die Instrumente erweitert werden, die in der Klasse gespielt werden.

Hinweis zu den Aufgaben
Exercice 55: Hier sollen die Kinder auswendig das herrschende Wetter auf Französisch beschreiben.
Exercice 56: Neben dem Übersetzen sollte auch das Vorlesen der französischen Sätze geübt werden.

Rhythmisierung
Ein Kind kommt nach vorne und spielt pantomimisch ein Instrument. Die anderen Kinder erklären das Instrument im Chor, z.B. *Je joue du piano.*

Spiele/Aktionen
Siehe Rhythmisierungsübung.

Lektion 1/27: *Qu'est-ce que tu aimes?*

Hinweis zum Dialog
Allons à la piscine! sollte in den Wortschatz übergehen.

Hinweis zur Einführungsseite
Wichtig an der Einführungsseite ist die Besprechung der Verneinung: *Je n'aime pas …*

Rhythmisierung
Es sollte immer die entsprechende Bildkarte hochgehalten werden. Die Kinder sprechen dann im Chor:
J'aime le football.
J'aime le basket-ball.
J'aime le piano.
J'aime le saxophone.
J'aime la natation.
J'aime la gym.
J'aime la danse.
J'aime la batterie.
J'aime la flûte.

In einem zweiten Durchgang könnte die Verneinung dazukommen:

Reyher, Ulrich: Parlons français avec Minnie et Minou/4. Schuljahr
© Auer Verlag GmbH, Donauwörth

J'aime le football. Je n'aime pas le basket-ball.

J'aime le piano. Je n'aime pas le saxophone.

J'aime la natation. Je n'aime pas la danse.

J'aime la batterie. Je n'aime pas la flûte.

Spiele/Aktionen

- Die Kinder haben jeweils eine Herz-Karte für *j'aime* und eine durchgestrichene Herz-Karte für *je n'aime pas*. Außerdem sollten sie die Bildkarten für Fußball, Basketball, Klavier, Saxophon, Schwimmen, Turnen, Tanz, Schlagzeug und Flöte besitzen. Sie halten jeweils eine Herz-Karte und eine Symbolkarte hoch und ein anderes Kind muss den entsprechenden Satz sagen, z. B. *Je n'aime pas le basket-ball.*
- Anders herum kann die Lehrkraft oder ein Kind auch eine Bildkarte mit einer Sportart oder einem Musikinstrument hochhalten und die Kinder halten entsprechend ihrer Vorlieben die Herz-Karte oder die durchgestrichene Herz-Karte hoch. Einzelne Kinder sollen dann den entsprechenden Satz formulieren.

Lektion 1/28: *Interview*

Hinweis zum Dialog
Falls die Formulierung *moi aussi* den Kindern noch nicht geläufig ist, sollte sie in diesem Zusammenhang eingeführt und möglichst eingeprägt werden.

Hinweis zu den Aufgaben
Exercice 61: Die zwei Interviewfragen sollten mit den Kindern gut besprochen und die Aussprache geübt werden.

Rhythmisierung
Die Interviewfragen können im Chor gemeinsam vorgelesen werden.

Spiele/Aktionen
Siehe Hinweis zu Lektion 1/7.

Lektion 1/29: *Qui est-ce?*

Hinweis zur Einführungsseite
Diese Seite ist sehr anspruchsvoll und erfordert einen gewissen Zeitaufwand. Es geht nämlich darum, ein anderes Kind auf Französisch zu beschreiben (Augen- und Haarfarbe, aber auch Vorlieben).
Hier sollte vorab geklärt werden, dass für Jungen *il* und für Mädchen *elle* eingesetzt werden muss.

Spiele/Aktionen
Die einzelnen Steckbriefe und Bilder (Aufgabenseite) können in der Klasse aufgehängt werden.

Lektion 1/30: *Dialogue*

Hinweis zum großen Dialog
Der Dialog lebt von der Wiederholung der Redeformeln: *Ah, non!, Pourquoi pas?, Il fait trop chaud*. Die Form *on pourrait* sollte den Schülerinnen/Schülern kurz erklärt, aber grammatikalisch nicht näher erläutert werden. Sie müssten nach Erarbeitung des Dialogs in der Lage sein den Text mit verteilten Rollen vorzulesen, aber auch die Situation zu spielen.

Hinweis zum Test
Die Lehrkraft sollte entscheiden, ob das Arbeitsheft als Hilfsmittel benutzt werden kann oder nicht.

Spiele/Aktionen
Der Dialogtext ist für eine szenische Umsetzung in der Klasse vorgesehen. Dabei ist auf sorgfältige und deutliche Aussprache zu achten!

3.4 Schülerband 2: Anmerkungen zu den Lektionen

Lektion 2/1: *Quelle heure est-il?*

Hinweis zum Dialog
Je ne sais pas und *Il fait déjà nuit* sollten in den Wortschatz der Schülerinnen/Schüler übergehen. *J'ai perdu ma montre* steht im *passé composé* und kann ihnen ggf. en passant erläutert, sollte aber noch nicht wirklich thematisiert werden.

Hinweis zur Einführungsseite
Für den Mathematik-Unterricht im 2. Schuljahr werden große (und auch kleine) Uhren-Modelle benutzt. Diese sollten für die Erarbeitung der Uhrzeit im Französischunterricht eingesetzt werden.
Hier sollten die Kinder darauf hingewiesen werden, dass an *heure* ein *s* gehängt wird, sobald davor eine größere Zahl als 1 steht.

Hinweis zu den Aufgaben
Exercice 1: Der Begriff *aiguille* muss natürlich vorab erklärt werden. Vorlesen lassen (Aussprache!)!
Exercice 2: Das Datum sollte in jeder Französischstunde angeschrieben werden und daher

den Kindern als schriftliche Vorlage zur Verfügung stehen.

Rhythmisierung

Auf- und absteigend im Wechsel:

Quelle heure est-il? – *Il est une heure.*
Quelle heure est-il? – *Il est 2 heures.*
usw.

Spiele/Aktionen

Ein kleines Uhren-Dialog-Spiel in Dreiergruppen: Es werden immer drei Kinder benötigt. Ein Kind fragt: *Monsieur (Madame), quelle heure est-il (, s'il vous plaît)?* Ein zweites Kind hält eine große Uhr und stellt eine bestimmte Uhrzeit ein. Ein drittes Kind antwortet: *Il est ... heures.*

Lektion 2/2: *Quelle heure est-il?*

Hinweis zum Dialog

Statt *mes patins à roulettes* könnte man auch *mes rollers* sagen. *Réveille-toi!* sowie *J'arrive!* sollte in den Wortschatz der Schülerinnen/Schüler übergehen.

Hinweis zur Einführungsseite

„Viertel vor" (*moins le quart*) und „Viertel nach" (*et quart*) ist für die Kinder nicht ganz einfach. Hier muss geduldig geübt und wiederholt werden! Die Minutenangaben, z. B. *il est 17 heures 53* bieten gute Gelegenheiten, die Zahlen bis 60 zu wiederholen.

Hinweis zu den Aufgaben

Exercice 5: Nach Lösung der Aufgabe vorlesen lassen (Aussprache!).

Rhythmisierung

Wie in Lektion 2/1, nur diesmal mit Minutenangaben im 10-Minuten-Abstand:

Quelle heure est-il? – *Il est 5 heures 10.*
Quelle heure est-il? – *Il est 5 heures 20.*
usw.

Spiele/Aktionen

Siehe Vorschlag zu Lektion 2/1, nur diesmal mit genauen Minutenangaben.

Lektion 2/3: *Que fais-tu?*

Hinweis zum Dialog

Sowohl *ça dépend* als auch *d'habitude* sollte in den Wortschatz der Kinder übergehen.

Hinweis zu den Aufgaben

Exercice 7: Wie auch das Datum sollte das Wetter regelmäßig am Anfang der Stunde besprochen werden.
Nach Lösung der Aufgabe unbedingt vorlesen lassen (Aussprache!).

Rhythmisierung

Satzbausteine zusammenstellen:

Je me lève à ...
Je me lève à 7 heures.
Je me couche à ...
Je me couche à 8 heures.

Je me lève à 7 heures. Je me couche à 8 heures.
usw.

Spiele/Aktionen

Zur Festigung sollten die Spielübungen aus den Lektionen 2/1 und 2/2 fortgesetzt werden.

Lektion 2/4: *Comment vas-tu à l'école?*

Hinweis zum Dialog

Je suis en retard sollte in den Wortschatz der Kinder übergehen.

Hinweis zur Einführungsseite

Diese Seite leitet gut ein Klassengespräch ein, bei dem jedes Kind die Frage beantworten kann. Die jeweilige Antwort kann dann in der 3. Person Sg. von der Lehrkraft wiederholt werden (*... va à l'école ...*) und somit auf *exercice 9* vorbereiten.

Hinweis zu den Aufgaben

Exercices 9, 10, 11: Nach Lösung der Aufgaben unbedingt vorlesen lassen (Aussprache!).

Rhythmisierung

Mit den Schülerinnen/Schülern sollten symbolische Gesten oder Bewegungen für die verschiedenen Transportmittel erarbeitet werden. Jeweils ein Kind kommt nach vorne, führt die Bewegung aus und die Klasse spricht im Chor:
Je vais à l'école en bus.
usw.
Es können genauso gut die Verkehrsmittel als Bildkarten hochgehalten werden, um die Antwort zu bestimmen.

Spiel/Aktion

Siehe Rhythmisierungsübung.

Lied

- *Margot a un vélo* (s. Anhang V4)

Reyher, Ulrich: Parlons français avec Minnie et Minou/4. Schuljahr
© Auer Verlag GmbH, Donauwörth

Lektion 2/5: *C'est quel nombre?*

Hinweis zum Dialog
Die Redewendungen *Aide-moi!* und *pas maintenant* sollten in den Wortschatz der Kinder übergehen.

Hinweis zum Test
Numéros 2 + 3: Bei diesen zwei Aufgaben kommt es darauf an, dass die Schülerinnen/ Schüler die Aufgabenstellungen „übersetzen" bzw. „decodieren" können.
Numéro 4: Es bleibt der Lehrkraft überlassen, ob sie bei dieser Übung das Arbeitsheft als Hilfsmittel erlaubt oder nicht.

Rhythmisierung
Die Hunderterzahlen auf- und abwärts aufsagen (Varianten werden im Lehrerhandbuch für das 3. Schuljahr auf S. 18 genannt).

Spiele/Aktionen
Siehe Vorschläge zu Lektion 1/14.

Lektion 2/6: *Comment ça va?*

Hinweis zum Dialog
Dieser Dialog müsste eigentlich von den Schülerinnen/Schülern unmittelbar verstanden und nachgesprochen werden können. *Pauvre…!* Sollte in den Wortschatz aufgenommen werden.

Hinweis zur Einführungsseite
Wie schon im 3. Schuljahr müssen den Kindern für die Gefühlszustände *Ça va mal, Je suis de mauvaise humeur, Je suis triste* Erklärungsmuster zur Verfügung gestellt werden, damit sie die naheliegende Frage *Pourquoi?* beantworten können.

Hinweis zu den Aufgaben
Exercice 14: Eine wichtige Aufgabe zur Wiederholung der Jahreszeiten; bei der Besprechung dieser Aufgabe könnte man das Wetter-Vokabular rekapitulieren.

Rhythmisierung
Je suis de bonne humeur.	– *Ça va bien.*
Je suis de mauvaise humeur.	– *Ça va mal.*
Je suis triste et je suis malade.	– *Ça va très, très mal.*

Spiele/Aktionen
Es wird eine Tabelle mit sechs Spalten und drei Zeilen erstellt, jede Zeile ist durch ein Symbol für *de bonne humeur, de mauvaise humeur* bzw. *triste* (z. B. durch entsprechende Gesichter) gekennzeichnet. Jedes Kind bekommt eine Liste und nun sollen alle Kinder im Raum herumlaufen und sechs Kinder fragen: *Comment ça va?* Je nach Antwort werden Kreuze in die Tabelle gesetzt. Anschließend kann ein „Launenbarometer" in der Klasse erstellt werden und als große Tabelle an der Wand aufgehängt werden (*Qui est de mauvaise humeur? Qui est de bonne humeur?* usw.).
Dies kann auch wie ein Ritual am Anfang jeder Stunde durchgeführt werden.

Lektion 2/7: *Comment ça va?*

Hinweis zum Dialog
Die Dialoge von Lektion 2/6–9 bauen aufeinander auf und bilden eine kleine Geschichte. Daher ist es ab Lektion 2/7 besonders wichtig, die vorherigen Dialoge immer vorab kurz zu wiederholen oder zusammenzufassen.
Mon Dieu! ist eine Redewendung, die die Schülerinnen/Schüler unbedingt speichern sollten.

Hinweis zur Einführungsseite
Die verschiedenen Krankheiten sollten pantomimisch und gestisch einstudiert werden.

Hinweis zu den Aufgaben
Exercices 16+17: Nach Lösung der Aufgaben unbedingt vorlesen lassen (Aussprache!).
In Zusammenhang mit *exercice 17* sollten die Monatsnamen (in der richtigen Reihenfolge) mündlich wiederholt werden.

Rhythmisierung
Je suis malade, j'ai mal à la tête.
Je suis malade, j'ai mal au ventre.
Je suis malade, j'ai mal à la gorge.
Je suis fatigué. Je bâille.

Spiele/Aktionen
Es werden Stofftiere und Wäscheklammern benötigt. Zwei Kinder spielen zusammen. Ein Kind schließt die Augen, währenddessen kennzeichnet das andere durch Befestigen einer Wäscheklammer an einem Stofftier, ob es Bauchschmerzen, Kopfschmerzen oder Halsschmerzen hat und hält es hinter dem Rücken verborgen. Jetzt darf der Partner die Augen wieder öffnen und fragen *Comment ça va, …?* Das andere Kind antwortet mit *Je suis malade.* Jetzt rät das erste durch Fragen, was mit dem Stofftier los ist, z. B. *Tu as mal au ventre?* Es wird mit *oui* und *non* geantwortet, bis richtig geraten wurde. Dann werden die Rollen getauscht.

Lektion 2/8: *Qu'est-ce que c'est ? Les parties du corps*

Hinweis zum Dialog
Siehe Hinweis zu Lektion 2/7.
Die Kinder lernen hier, dass man in Frankreich statt „Aua!" *Aïe!* sagt. Das sollte ruhig mehrmals – beispielsweise durch Zwicken – „geübt" werden!

Hinweis zu den Aufgaben
Exercice 18: Hier sollte noch einmal die regelmäßige Pluralbildung durch das Anhängen eines s in Erinnerung gerufen werden, bevor die Ausnahmen gemeinsam besprochen werden.
Exercices 19 + 20: Nach Lösung der Aufgaben vorlesen lassen (Aussprache!).

Rhythmisierung
Voilà mon nez (zeigen!).
Voilà ma bouche.
Voilà mes yeux.
Voilà mes oreilles.
Voilà mes cheveux.
Voilà mes dents.
Voilà mon cou.
usw.

Spiele/Aktionen

- Die Kinder erstellen auf einem großen Papierbogen einen Körperumriss (ein Kind legt sich drauf und wird ummalt). Es werden Wortkarten zu den Körperteilen verteilt, die dann an die richtigen Stellen befestigt werden sollen. Dann wird der Umriss im Klassenraum aufgehängt. In einem Spiel könnte nun ein Kind die Augen schließen, während die anderen/ein anderes die Karten vertauscht. Kann es die Karten wieder richtig setzen?
- Als Variante können die Karten auch an einem Kind/an der Lehrkraft befestigt werden.

Lieder

- *Savez-vous planter les choux* (s. Anhang V5)
- *Alouette, gentille alouette* (s. Anhang V5)
- *Mon âne* (s. Anhang V4)

Lektion 2/9: *Qu'est-ce que c'est ? Les parties du corps*

Hinweis zum Dialog
Siehe Hinweis zu Lektion 2/7.
Ne t'inquiète pas! und *la piqûre* sollten in den Wortschatz der Kinder übergehen.

Hinweis zu den Aufgaben
Exercice 21: Dies ist eine sehr bewegungsintensive Aufgabe, die den Kindern aber großen Spaß macht.
Exercice 22: Eine Wiederholungsaufgabe zu den Kleidungsstücken. Nach Lösung der Aufgabe alles vorlesen lassen (Aussprache!).

Rhythmisierung
Analog zu Lektion 8:
Voilà mes jambes.
Voilà mes pieds.
usw.

Spiele/Aktionen
Siehe Vorschläge zu Lektion 2/8.
Spielvorschläge zum Thema Kleidung finden sich im Lehrerhandbuch für das 3. Schuljahr auf S. 36/37.

Lieder
Siehe Vorschläge zu Lektion 2/8.

Lektion 2/10: *Tu as peur du monstre ?*

Hinweis zum Dialog
Ecoutez bien, les enfants! sollte – sofern noch nicht geschehen – in den Wortschatz der Kinder übergehen.

Hinweis zum Test
Numéro 3: Die Lehrkraft sollte entscheiden, ob das Arbeitsheft als Hilfsmittel zum Nachschlagen benutzt werden darf.

Rhythmisierung
Wiederholung der Rhythmisierungsübungen von den Lektionen 2/8 und 2/9.

Spiele/Aktionen
Siehe Vorschläge zu Lektion 2/8.
Die Kinder können auch die unterschiedlichsten Monster malen, ggf. auf großen Papierbögen, die in der Klasse aufgehängt werden. Sie können beschriftet und gemeinsam besprochen werden (Wiederholung der Farben).

Lieder
Siehe Vorschläge zu Lektion 2/8.

Lektion 2/11: *Tu chausses du combien ?*

Hinweis zum Dialog
Lourd als Gegensatz zu *léger* sollte in den Wortschatz der Kinder übergehen.

Reyher, Ulrich: Parlons français avec Minnie et Minou/4. Schuljahr
© Auer Verlag GmbH, Donauwörth

Hinweis zur Einführungsseite

Den Kindern wird schnell klar sein, dass *chaussure* und *chausser* zusammenhängen.

Hinweis zu den Aufgaben

Exercice 26: Nach Lösung der Aufgabe vorlesen lassen (Aussprache!).

Rhythmisierung

Die Lektion über die Schuhgröße kann gut zur Wiederholung der Zahlen zwischen 30 und 50 benutzt werden:
Je chausse du 30.
Je chausse du 31.
Je chausse du 32.
usw.

Spiele/Aktionen

- Siehe Vorschläge zu Lektion 2/8.
- Es bietet sich an, eine Tabelle über die Schuhgrößen der Kinder anzufertigen und im Klassenraum aufzuhängen.
- Es wird ein Stuhlkreis gebildet. Jedes Kind legt nun einen Schuh in die Mitte, den anderen legt es so weg, dass er nicht sichtbar ist. Ein Kind geht in die Mitte, nimmt einen Schuh, guckt nach der Größe und sagt *C'est du …* (z.B. 37). Alle stehen auf, die diese Schuhgröße haben. Das Kind in der Mitte geht zu den einzelnen hin und fragt *C'est ta chaussure?*, bis es den Besitzer gefunden hat. Wer seinen Schuh wieder hat, darf nun in die Mitte gehen, das Kind aus der Mitte setzt sich hin.

Lektion 2/12: *Interview*

Hinweis zum Dialog

Da *une cravate* ähnlich klingt wie im Deutschen, werden die Kinder den Dialog ohne Probleme verstehen. *Une bonne idée* sollte in den Wortschatz der Kinder übergehen.

Hinweis zu den Aufgaben

Bei den *exercices* dieser Lektion werden von den Kindern gewisse Wortschatz-Kenntnisse erwartet. Die Lehrkraft sollte mit ihnen besprechen, wie sie vorgehen, wenn ihnen eine Vokabel unbekannt ist.

Rhythmisierung

Die Fragen des Interviews sollten im Chor gesprochen werden. Man einigt sich vorher auf eine Antwortformel. Dann können immer zwei Gruppen im Wechsel sprechen.

Spiele/Aktionen

Siehe Hinweise zu Lektion 1/7.

Lektion 2/13: *Qu'est-ce que tu aimes?*
Les aliments

Hinweis zum Dialog

Das Wort *tout* sollten die Kinder sich einprägen (*Je mange tout. J'aime tout. Je n'aime pas tout.* usw.).

Hinweis zur Einführungsseite

Es sind einige Nahrungsmittel zu lernen. Dabei sollte die Lehrkraft die Kinder in Bezug auf ihre Merkfähigkeit nicht überfordern. Wichtig ist vor allem, dass sie die Verneinung von *j'aime* beherrschen lernen.

Hinweis zu den Aufgaben

Exercice 30: Die Frage *Qu'est-ce que tu aimes?* ist in der Aussprache ziemlich schwierig und muss gut erarbeitet werden, bevor die Kinder sich gegenseitig interviewen. Bei den Antworten sollten sie sich hier auf Lebensmittel beschränken.
Exercice 32: Das Aufsagen der Wochentage in der richtigen Reihenfolge sollte in diesem Zusammenhang mündlich wiederholt werden.

Rhythmisierung

Die Klasse einigt sich, welche Nahrungsmittel beliebt sind und welche nicht. Daraus werden die rhythmischen Übungen abgeleitet, z.B.:
J'aime le riz. – *Je n'aime pas la viande.*
J'aime la glace. – *Je n'aime pas les légumes.*

Spiele/Aktionen

Die Kinder sitzen im Kreis, jedem Kind wird ein Nahrungsmittel zugeordnet, am besten durch mitgebrachte Lebensmittel, die für jeden sichtbar sind. Ein Kind ruft nun ein anderes Kind auf und wechselt mit ihm den Platz, z.B. *La glace appelle les fruits! – La viande appelle le chocolat!* Es wird entweder in zwei Gruppen gespielt, in denen jedes Lebensmittel nur einmal vorkommt, oder in einer großen Gruppe, in der alles doppelt besetzt ist. In letzterem Fall sollen alle vier betroffenen Kinder die Plätze tauschen.

Lektion 2/14: *Qu'est-ce que tu aimes?*
Les boissons

Hinweis zum Dialog

Die Ausdrücke *délicieux* und *devine!* sollten in den passiven Wortschatz der Kinder übergehen.

Hinweis zur Einführungsseite

Die Frageformeln *Tu as soif?* und *Tu as faim?* sollten unbedingt von den Kindern gelernt und gespeichert werden.

Rhythmisierung

Siehe Vorschlag zu Lektion 2/13, auf Getränke übertragen.

Spiele/Aktionen

Siehe Vorschläge zu Lektion 2/13, um Getränke erweitert.

Lektion 2/15: *Voilà une salade de fruits!*

Hinweis zum Dialog

Den Kindern muss natürlich erklärt werden, warum *Minou* das Teewasser *sale* findet.

Hinweis zur Einführungsseite

Den Obstsalat sollte man mit den Schülerinnen/Schülern unbedingt zubereiten. Dabei sollte so viel wie möglich Französisch gesprochen werden.

Hinweis zum Test

Die Lehrkraft sollte hier wieder entscheiden, ob das gesamte Arbeitsheft als Hilfsmittel herangezogen werden darf. Bei der Besprechung des Tests sollten alle Aufgaben von den Kindern vorgelesen werden.

Rhythmisierung

Siehe Vorschlag zu Lektion 2/13, auf Früchte übertragen.

Spiele/Aktionen

- Siehe Vorschlag zu Lektion 2/13.
- Ein Kind steht in der Mitte eines Stuhlkreises. Jedes Kind bekommt ein Nahrungsmittel zugeordnet, dabei muss jedes Nahrungsmittel doppelt vorkommen. Das Kind in der Mitte ruft ein Nahrungsmittel auf, z. B. *les bananes*. Alle Bananen müssen dann die Plätze wechseln, und das Kind in der Mitte versucht, einen freien Stuhl zu bekommen. Wer übrig bleibt, stellt sich in die Mitte und ruft ein neues Nahrungsmittel auf. Man kann auch *salade de fruits* rufen. Dann müssen alle Kinder die Plätze wechseln!

Lektion 2/16: *On va faire les courses?*

Hinweis zum Dialog

Tu as l'air pressé(e) ist eine schöne Redewendung, die in den passiven Wortschatz der Kinder übergehen sollte.

Hinweis zur Einführungsseite

Die drei Sätze sollten die Schülerinnen/Schüler, nachdem sie besprochen wurden, vorlesen können.

Hinweis zu den Aufgaben

Exercice 36: Nach Lösung der Aufgabe die Sätze vorlesen lassen (Aussprache!).

Rhythmisierung

On achète le pain à la boulangerie.
On achète la viande à la boucherie.
On achète les bananes au supermarché.
On achète les carottes au supermarché.
On achète les tomates au supermarché.
usw.

Spiele/Aktionen

- Siehe Vorschläge zu Lektionen 2/13, 2/14 und 2/15.
- Mit dem bereits erarbeiteten Vokabular können nun die ersten kleinen Einkaufs-Szenen eingeübt werden (z.B: *Bonjour, Madame/Monsieur! Je voudrais …, s'il vous plaît! – Voilà, Madame/Monsieur! – Merci, Madame/Monsieur et au revoir.*). Vorab können ggf. kurze Einkaufslisten verteilt werden. Die Länge der Szenen sollte langsam gesteigert werden.

Lektion 2/17: *Interview*

Hinweis zum Dialog

Das Wort *chariot* muss den Schülerinnen/Schülern natürlich erklärt werden. *D'accord* sollte in den Wortschatz der Kinder übergehen.

Hinweis zu den Aufgaben

Exercice 39: Sowohl die Fragestellungen als auch die möglichen Antwortvarianten sollten zuvor ausführlich geübt werden.
Exercice 40: Die Kinder üben hier die Verneinung. Nach Lösung der Aufgabe sollten die Sätze unbedingt vorgelesen werden (Aussprache!).

Rhythmisierung

Es sollten die Fragen des Interviews im Chor gesprochen werden, die möglichen Antwort-Alternativen im „Wechselgesang", z. B.:
Quelle heure est-il?   – *Il est 10 heures.*
Qu'est-ce que tu aimes? – *J'aime les bananes.*
Tu as faim?   – *Oui, j'ai faim.*
usw.

Spiele/Aktionen

Siehe Hinweis zu Lektion 1/7.

Lektion 2/18: *Au petit déjeuner*
Un dialogue

Hinweis zur Einführungsseite
Für die Schülerinnen/Schüler sieht die Seite auf den ersten Blick etwas schwierig aus. Bald werden sie aber merken, dass durch die wiederkehrenden Redewendungen *Tu me passes ...* und *Tiens, le voilà!* das Textverständnis wesentlich erleichtert wird.
Der Dialog sollte geduldig eingeübt und immer wieder rekapituliert werden.

Hinweis zu den Aufgaben
Exercice 43: Nach Lösung der Aufgabe vorlesen lassen (Aussprache!).

Rhythmisierung
Die verschiedenen Fragen des Dialogs auf der Einführungsseite:
Tu me passes le pain, s'il te plaît?
Tu me passes le beurre, s'il te plaît?
Tu me passes la confiture, s'il te plaît?
Tu me passes le lait, s'il te plaît?
usw.
Anstatt die Lebensmittel jeweils vorzusprechen, können ggf. Lebensmittel/Bildkarten hochgehalten werden, die die Kinder einsetzen sollen.

Spiele/Aktionen
Einüben und Nachspielen des Dialogs.

Lektion 2/19: *Où habites-tu?*

Hinweis zum Dialog
Ma langue sollte in den Körperteile-Wortschatz der Kinder übergehen. *Il me faut ...* ist auch eine schöne Formulierung, die im Zusammenhang mit dem Einkaufen wieder aufgegriffen werden kann.

Hinweis zur Einführungsseite
Die Texte auf den Einführungsseiten werden etwas länger. Dennoch sollte neben der Wortschatzarbeit die Lektüre nicht zu kurz kommen.

Hinweis zu den Aufgaben
Exercice 47: Die Possessivpronomen *mon, ton, ma, ta* werden hier wiederholt; sie sollten vorab besprochen werden, um sie den Kindern in Erinnerung zu rufen.

Rhythmisierung
Im Wechsel:
Chez moi, il y a
une salle de bains   –   une cuisine
un salon   –   2 chambres.

Chez toi, il y a
une salle de bains   –   une cuisine
un salon   –   3 chambres.
oder
Chez moi, il y a une salle de bains.
Chez toi, il y a aussi une salle de bains.
usw.

Spiele/Aktionen
Die Kinder erstellen auf großen Bögen Pläne ihrer Häuser bzw. ihrer Traumhäuser und sollen sie dann beschreiben (ggf. auf Deutsch).

Lektion 2/20: *Qu'est-ce qu'il y a dans ta chambre?*

Hinweis zum Dialog
Das Schlüsselwort dieses Dialogs heißt *souris*. Wenn die Bedeutung dieses Worts den Kindern wieder geläufig ist, werden sie den Dialog sofort verstehen.

Hinweis zum Test
Exercices 3 + 4: Die Lehrkraft sollte entscheiden, ob den Schülerinnen/Schülern erlaubt wird, das Arbeitsheft als Hilfsmittel zur Vokabelrecherche zu benutzen.

Rhythmisierung
Im Wechsel:
Dans ma chambre, il y a
un lit   –   un bureau
une armoire   –   une chaise
une lampe   –   une étagère.
Dans ta chambre ...
usw.

Spiele/Aktionen
Es werden Möbelkataloge mitgebracht, aus denen die Kinder sich in Gruppen Zimmer zusammenstellen, die sie sich gegenseitig vorstellen.

Lektion 2/21: *Qu'est-ce qu'il y a dans la cuisine?*

Hinweis zum Dialog
Mit der Verneinungsform *Je ne trouve pas ...* könnten kleine Übungen gemacht werden: *Où est ta chemise? – Je ne trouve pas ma chemise.*
usw.

Rhythmisierung
Im Wechsel:
Dans ma cuisine, il y a
une table   –   une armoire
un frigo   –   une cuisinière

Reyher, Ulrich: Parlons français avec Minnie et Minou/4. Schuljahr
© Auer Verlag GmbH, Donauwörth

un évier   –   une chaise.
Dans ta cuisine ...
usw.

Spiele/Aktionen
Siehe Vorschlag zu Lektion 2/20.

Lektion 2/22: *Qu'est-ce qu'il y a dans la salle de bains ?*

Hinweis zum Dialog
Die Dialoge der Lektionen 2/21 – 23 bauen aufeinander auf und bilden eine kleine Geschichte.
Daher ist es ab Lektion 2/22 besonders wichtig,
die vorherigen Dialoge immer vorab kurz zu
wiederholen oder zusammenzufassen.

Hinweis zu den Aufgaben
Exercice 52: Bei dieser Wortschatzübung sollten die Kinder durch Recherche im Arbeitsheft
selbstständig die Aufgabe lösen.
Exercice 53: Die Wochentage sollten unbedingt
abschließend vorgelesen werden (Aussprache!).

Rhythmisierung
Im Wechsel:
Dans ma salle de bains, il y a
un lavabo   –   *un WC*
une baignoire   –   *une douche*
un miroir   –   *un savon.*
Dans ta salle de bains ...
usw.

Spiele/Aktionen
Siehe Vorschlag zu Lektion 2/20.

Lektion 2/23: *Qu'est-ce qu'il y a dans le salon ?*

Hinweis zum Dialog
Siehe Hinweis zu Lektion 2/22.
Auf die Verstärkung durch *très* und *absolument*
sollten die Kinder aufmerksam gemacht werden.

Hinweis zu den Aufgaben
Exercice 54: Nach Lösung der Aufgabe vorlesen
lassen (Aussprache!).
Exercice 56: Hier kann – wie immer – zur Hilfe
zurückgeblättert werden.

Rhythmisierung
Im Wechsel:
Dans mon salon, il y a
un fauteuil   –   *un canapé*
une table   –   *une lampe*
une télé   –   *des étagères.*
Dans ton salon ...
usw.

Spiele/Aktionen
- Siehe Vorschlag zu Lektion 2/20.
- Wort oder Bildkarten der Räume, die bekannt sind, werden in einen Stapel gelegt.
  Ein Kind zieht eine Karte und beschreibt
  Chez moi, il y a ... und listet Einrichtungs-
  gegenstände auf, die in seinem Raum vorkommen. Alle anderen raten, um welchen
  Raum es sich handelt. Es können auch zwei
  Kinder parallel raten lassen und immer abwechselnd sprechen, das macht das Ganze
  etwas schwieriger!
- Statt der Bild- oder Wortkarten können
  auch Collagen, die in den vorherigen Stunden erstellt wurden, verwendet werden.

Lektion 2/24: *Interview*

Hinweis zum Dialog
Simple (und das Gegenteil *difficile*) sollte in
den Wortschatz der Kinder übergehen.

Hinweis zu den Aufgaben
Exercice 57: Hier sollen die Kinder die gestellten Fragen individuell beantworten. Am Ende
vorlesen lassen (Aussprache üben!).

Rhythmisierung
Die Gruppe stellt die Fragen, jeweils ein
Schüler/eine Schülerin antwortet:
Où habites-tu?
Quelle est ton adresse?
Quel est ton numéro de téléphone?
Qu'est-ce qu'il y a dans ta chambre?
Comment vas-tu à l'école?
usw.

Spiele/Aktionen
Siehe Hinweis zu Lektion 1/7.

Lektion 2/25: *Que fais-tu ?*

Hinweis zur Einführungsseite
In dieser und folgender Lektion können alle in
vorherigen Bänden eingeführten Aktivitäten
(Sportarten, Musikinstrumente, Lesen usw.)
wiederholt werden.

Hinweis zum Test
Numéro 3: Bei diesem Maldiktat kommt es darauf an zu sehen, ob die Kinder die Vokabeln verstanden haben.

Rhythmisierung
Es bietet sich eine kleine (rein mündliche!)
Konjugationsübung an:
Je joue au football. Je joue avec mes copains.

Reyher, Ulrich: Parlons français avec Minnie et Minou/4. Schuljahr
© Auer Verlag GmbH, Donauwörth

Tu joues au football. Tu joues avec tes copains.
Il joue au football. Il joue avec ses copains.
Elle joue au football. Elle joue avec ses copines.
usw.

Spiele/Aktionen
Hier bietet sich eine Wiederholung der Spiele zum Wetter (s. Lektionen 1/20 und 1/21) an.

Lied
- *Il pleut, il mouille* (s. Anhang V3)

Lektion 2/26: *Que fais-tu ?*

Hinweis zum Dialog
Je m'ennuie sollte in den passiven Wortschatz der Schülerinnen/Schüler übergehen.

Hinweis zu den Aufgaben
Exercice 60: Der Text zu den Bildern dieses Maldiktats sollte unbedingt mehrmals vorgelesen werden.

Rhythmisierung
Wie in Lektion 2/25 bietet sich eine kleine (mündliche) Konjugationsübung an:
Je dors. Je lis. Je regarde la télé.
Tu dors. Tu lis. Tu regardes la télé.
Il dort. Il lit. Il regarde la télé.
Elle dort. Elle lit. Elle regarde la télé.

Spiele/Aktionen
Hier bietet sich eine Wiederholung der Spiele zum Wetter (s. Lektion 1/20 und 1/21) an.

Lied
- *Il pleut, il mouille* (s. Anhang V3)

Lektion 2/27: *Grande interview*

Hinweis zum Dialog
Im Zusammenhang mit *J'ai mal au dos* können noch einmal die anderen Beschwerden (s. Lektion 2/7) wiederholt werden.

Hinweis zu den Aufgaben
Exercice 61: Die Kinder sollen versuchen, diese Übung selbstständig zu lösen. Nach Beendigung die Texte mehrmals vorlesen lassen.

Rhythmisierung
Die Gruppe stellt im Chor die Interview-Fragen, jeweils ein Schüler/eine Schülerin antwortet.

Spiele/Aktionen
Siehe Hinweis zu Lektion 1/7.

Lektion 2/28: *Dans la cuisine*
Un dialogue

Hinweis zum großen Dialog
Es handelt sich hierbei wieder um einen Dialog, den man geduldig einstudieren und aufbauen muss, um ihn spielen zu können. Durch die wiederkehrenden Redewendungen *Je n'aime pas …* und *Tu veux…?* wird den Kindern der Sketch erleichtert. Natürlich sollten hier die Requisiten nicht fehlen!

Rhythmisierung
Tu veux une pomme?   –
    Non, je n'aime pas les pommes.
Tu veux une banane?   –
    Non, je n'aime pas les bananes.
Tu veux une poire?   –
    Non, je n'aime pas les poires.

Spiele/Aktionen
Einüben des Dialogs.

Lektion 2/29: *Bon appétit !*
Un dialogue

Hinweis zum großen Dialog
Bei diesem Dialog werden *le couteau, la fourchette und la cuillère* eingeführt. Obwohl sie in dem Dialog nicht benutzt werden, sollte man natürlich zur Erarbeitung des Vokabulars Löffel, Gabel und Messer mitbringen.

Hinweis zu den Aufgaben
Exercice 66: Nach Lösung der Aufgabe die Sätze mehrmals vorlesen lassen.

Rhythmisierung/Spiel/Aktion
Dialogsequenzen vor- und nachsprechen und den Dialog einüben.

Lektion 2/30: *Test*

Hinweis zum Situationsbild
Hier sollen die Schülerinnen/Schüler ihre Wortschatz-Kenntnisse aus dem gesamten Arbeitsheft anwenden. Am meisten motiviert es die Kinder, wenn sie die Aufgaben mit den Sprechblasen in Partnerarbeit erledigen.

Spiele/Aktionen
Einüben der Dialoge der Lektionen 2/28 und 2/29.

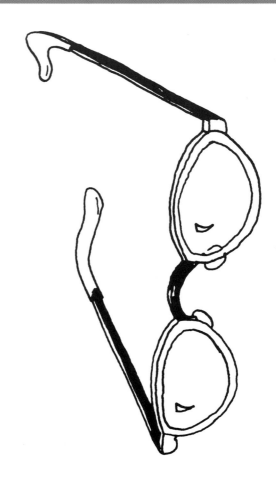

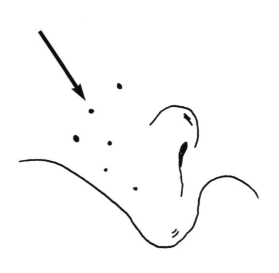

Reyher, Ulrich: Parlons français avec Minnie et Minou/4. Schuljahr
© Auer Verlag GmbH, Donauwörth • Als Kopiervorlage freigegeben

les yeux

les lunettes

les cheveux

les taches de rousseur

Reyher, Ulrich: Parlons français avec Minnie et Minou/4. Schuljahr
© Auer Verlag GmbH, Donauwörth • Als Kopiervorlage freigegeben

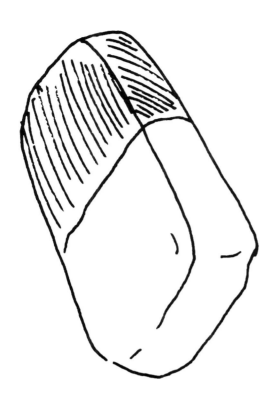

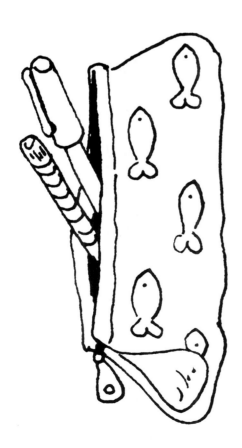

Reyher, Ulrich: Parlons français avec Minnie et Minou/4. Schuljahr
© Auer Verlag GmbH, Donauwörth • Als Kopiervorlage freigegeben

la gomme

le crayon

la trousse

le stylo

Reyher, Ulrich: Parlons français avec Minnie et Minou/4. Schuljahr
© Auer Verlag GmbH, Donauwörth • Als Kopiervorlage freigegeben

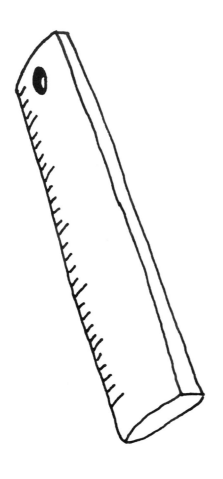

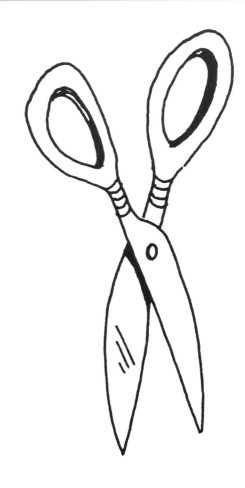

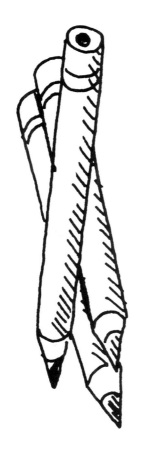

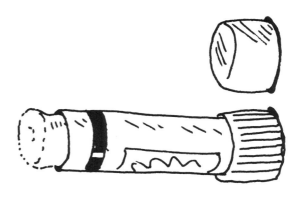

Reyher, Ulrich: Parlons français avec Minnie et Minou/4. Schuljahr
© Auer Verlag GmbH, Donauwörth • Als Kopiervorlage freigegeben

les ciseaux

la règle

la colle

les crayons de couleur

Reyher, Ulrich: Parlons français avec Minnie et Minou/4. Schuljahr
© Auer Verlag GmbH, Donauwörth • Als Kopiervorlage freigegeben

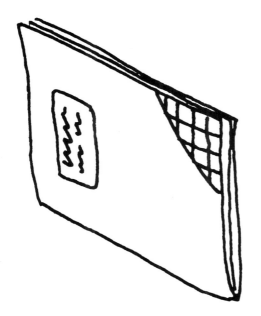

Reyher, Ulrich: Parlons français avec Minnie et Minou/4. Schuljahr
© Auer Verlag GmbH, Donauwörth • Als Kopiervorlage freigegeben

le bureau

le cahier

le goûter

le cartable

Reyher, Ulrich: Parlons français avec Minnie et Minou/4. Schuljahr
© Auer Verlag GmbH, Donauwörth • Als Kopiervorlage freigegeben

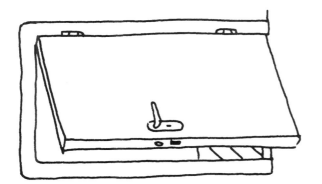
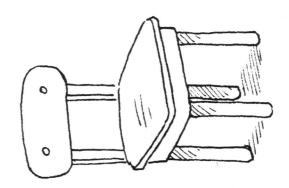

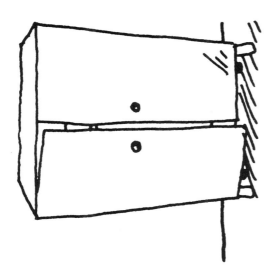

Reyher, Ulrich: Parlons français avec Minnie et Minou/4. Schuljahr
© Auer Verlag GmbH, Donauwörth • Als Kopiervorlage freigegeben

la chaise

la porte

la fenêtre

l'armoire

Reyher, Ulrich: Parlons français avec Minnie et Minou/4. Schuljahr
© Auer Verlag GmbH, Donauwörth • Als Kopiervorlage freigegeben

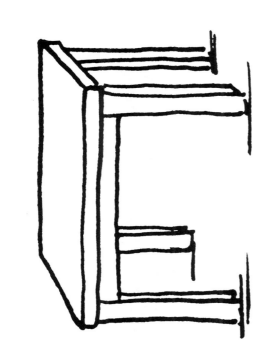

Reyher, Ulrich: Parlons français avec Minnie et Minou/4. Schuljahr
© Auer Verlag GmbH, Donauwörth • Als Kopiervorlage freigegeben

le soleil

l'étagère

le calendrier

la table

Reyher, Ulrich: Parlons français avec Minnie et Minou/4. Schuljahr
© Auer Verlag GmbH, Donauwörth • Als Kopiervorlage freigegeben

Reyher, Ulrich: Parlons français avec Minnie et Minou/4. Schuljahr
© Auer Verlag GmbH, Donauwörth • Als Kopiervorlage freigegeben

le basket-ball

la gym

le football

la natation

Reyher, Ulrich: Parlons français avec Minnie et Minou/4. Schuljahr
© Auer Verlag GmbH, Donauwörth • Als Kopiervorlage freigegeben

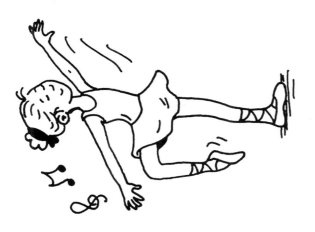
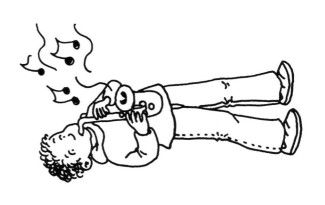

Reyher, Ulrich: Parlons français avec Minnie et Minou/4. Schuljahr
© Auer Verlag GmbH, Donauwörth • Als Kopiervorlage freigegeben

le piano

la batterie

la danse

le saxophone

Reyher, Ulrich: Parlons français avec Minnie et Minou/4. Schuljahr
© Auer Verlag GmbH, Donauwörth • Als Kopiervorlage freigegeben

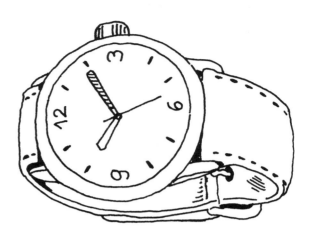

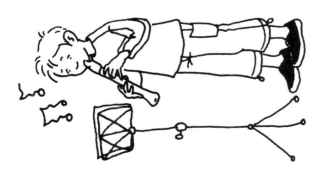

Reyher, Ulrich: Parlons français avec Minnie et Minou/4. Schuljahr
© Auer Verlag GmbH, Donauwörth • Als Kopiervorlage freigegeben

la montre

la guitare

la glace

la flûte

Reyher, Ulrich: Parlons français avec Minnie et Minou/4. Schuljahr
© Auer Verlag GmbH, Donauwörth • Als Kopiervorlage freigegeben

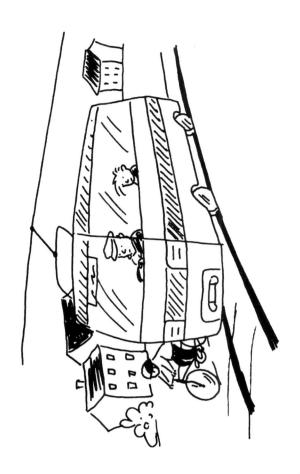

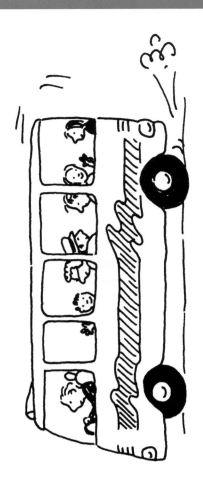

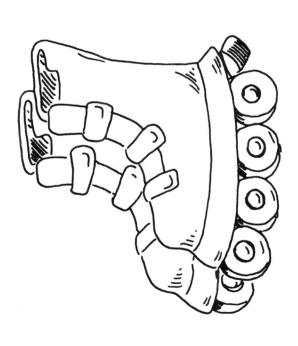

Reyher, Ulrich: Parlons français avec Minnie et Minou/4. Schuljahr
© Auer Verlag GmbH, Donauwörth • Als Kopiervorlage freigegeben

le bus

le tram

la voiture

les patins à
roulettes

Reyher, Ulrich: Parlons français avec Minnie et Minou/4. Schuljahr
© Auer Verlag GmbH, Donauwörth • Als Kopiervorlage freigegeben

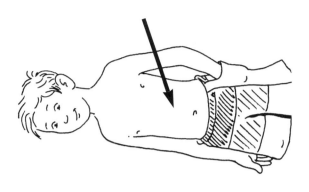

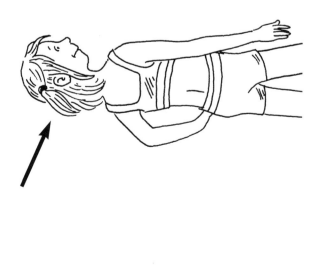

Reyher, Ulrich: Parlons français avec Minnie et Minou/4. Schuljahr
© Auer Verlag GmbH, Donauwörth • Als Kopiervorlage freigegeben

le médecin

le ventre

l'avion

la tête

Reyher, Ulrich: Parlons français avec Minnie et Minou/4. Schuljahr
© Auer Verlag GmbH, Donauwörth • Als Kopiervorlage freigegeben

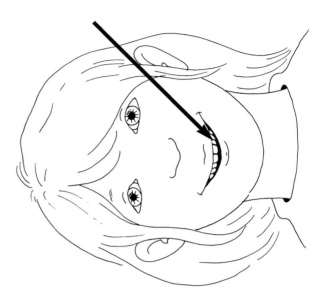
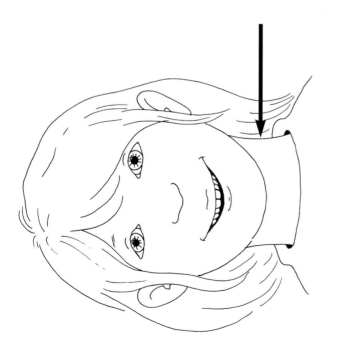

Reyher, Ulrich: Parlons français avec Minnie et Minou/4. Schuljahr
© Auer Verlag GmbH, Donauwörth • Als Kopiervorlage freigegeben

les dents

le nez

la bouche

le cou

Reyher, Ulrich: Parlons français avec Minnie et Minou/4. Schuljahr
© Auer Verlag GmbH, Donauwörth • Als Kopiervorlage freigegeben

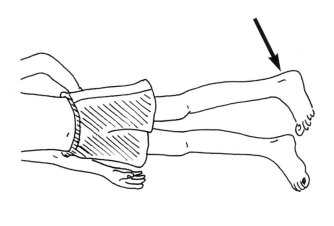

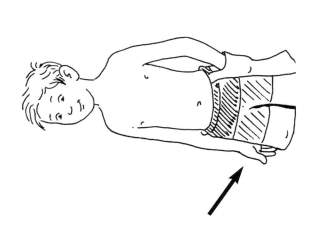

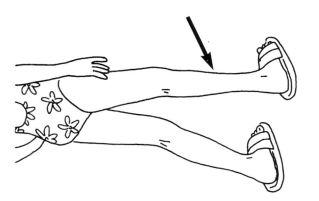

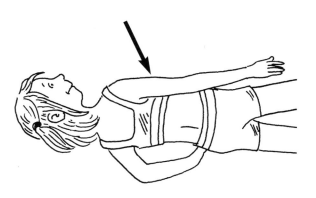

Reyher, Ulrich: Parlons français avec Minnie et Minou/4. Schuljahr
© Auer Verlag GmbH, Donauwörth • Als Kopiervorlage freigegeben

la main

le pied

le bras

la jambe

Reyher, Ulrich: Parlons français avec Minnie et Minou/4. Schuljahr
© Auer Verlag GmbH, Donauwörth • Als Kopiervorlage freigegeben

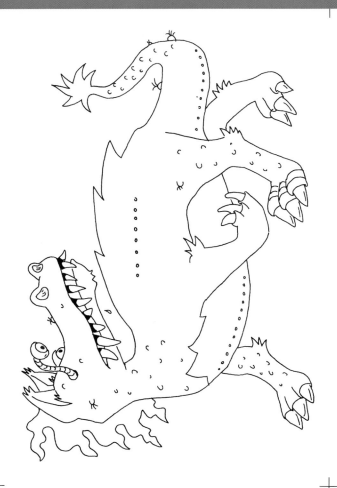

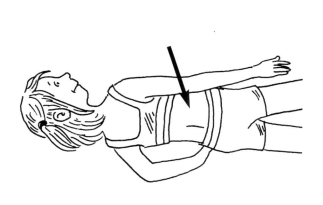

Reyher, Ulrich: Parlons français avec Minnie et Minou/4. Schuljahr
© Auer Verlag GmbH, Donauwörth • Als Kopiervorlage freigegeben

le monstre

la queue

le dos

la patte

Reyher, Ulrich: Parlons français avec Minnie et Minou/4. Schuljahr
© Auer Verlag GmbH, Donauwörth • Als Kopiervorlage freigegeben

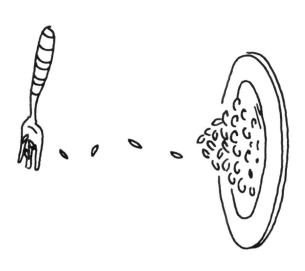

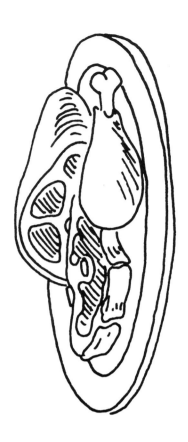

Reyher, Ulrich: Parlons français avec Minnie et Minou/4. Schuljahr
© Auer Verlag GmbH, Donauwörth • Als Kopiervorlage freigegeben

la viande

le riz

les fruits

la salade

Reyher, Ulrich: Parlons français avec Minnie et Minou/4. Schuljahr
© Auer Verlag GmbH, Donauwörth • Als Kopiervorlage freigegeben

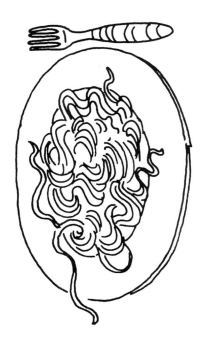

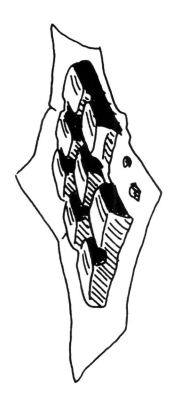

Reyher, Ulrich: Parlons français avec Minnie et Minou/4. Schuljahr
© Auer Verlag GmbH, Donauwörth • Als Kopiervorlage freigegeben

les spaghettis

les pommes
de terre

le chocolat

les légumes

Reyher, Ulrich: Parlons français avec Minnie et Minou/4. Schuljahr
© Auer Verlag GmbH, Donauwörth • Als Kopiervorlage freigegeben

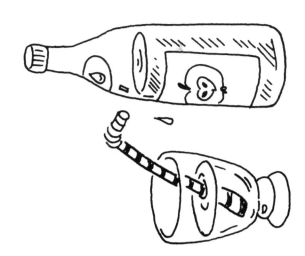

Reyher, Ulrich: Parlons français avec Minnie et Minou/4. Schuljahr
© Auer Verlag GmbH, Donauwörth • Als Kopiervorlage freigegeben

le jus de pomme

le thé

le lait

l'eau minérale

Reyher, Ulrich: Parlons français avec Minnie et Minou/4. Schuljahr
© Auer Verlag GmbH, Donauwörth • Als Kopiervorlage freigegeben

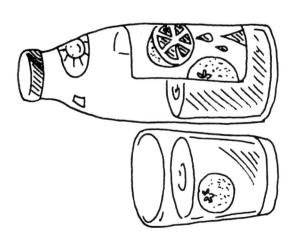

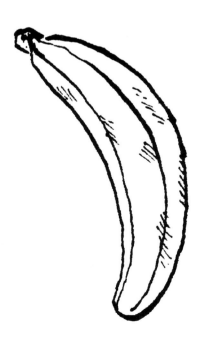

Reyher, Ulrich: Parlons français avec Minnie et Minou/4. Schuljahr
© Auer Verlag GmbH, Donauwörth • Als Kopiervorlage freigegeben

la salade de fruits

la pomme

le jus d'orange

la banane

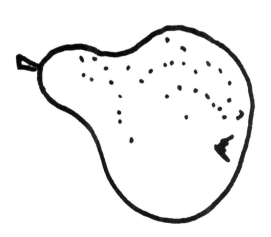

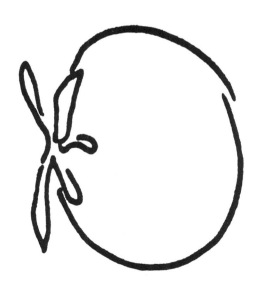

Reyher, Ulrich: Parlons français avec Minnie et Minou/4. Schuljahr
© Auer Verlag GmbH, Donauwörth • Als Kopiervorlage freigegeben

le citron pressé

l'orange

la tomate

la poire

Reyher, Ulrich: Parlons français avec Minnie et Minou/4. Schuljahr
© Auer Verlag GmbH, Donauwörth • Als Kopiervorlage freigegeben

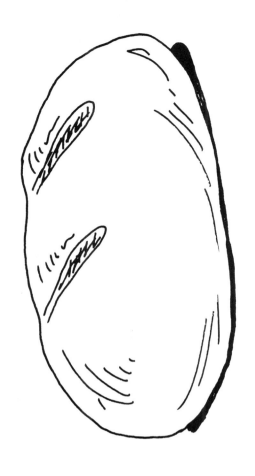

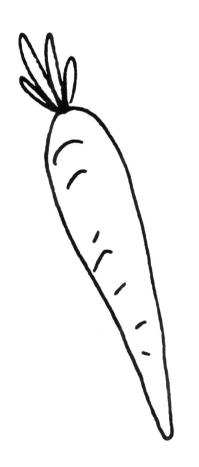

Reyher, Ulrich: Parlons français avec Minnie et Minou/4. Schuljahr
© Auer Verlag GmbH, Donauwörth • Als Kopiervorlage freigegeben

la boucherie

la boulangerie

le pain

la carotte

Reyher, Ulrich: Parlons français avec Minnie et Minou/4. Schuljahr
© Auer Verlag GmbH, Donauwörth • Als Kopiervorlage freigegeben

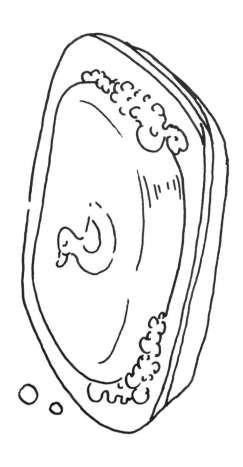

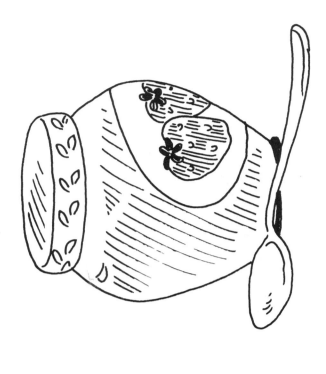

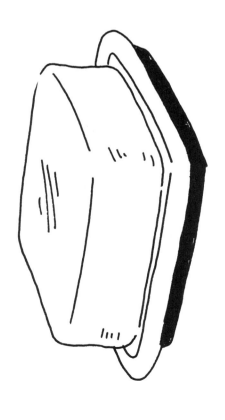

Reyher, Ulrich: Parlons français avec Minnie et Minou/4. Schuljahr
© Auer Verlag GmbH, Donauwörth • Als Kopiervorlage freigegeben

la confiture

le savon

le beurre

le supermarché

Reyher, Ulrich: Parlons français avec Minnie et Minou/4. Schuljahr
© Auer Verlag GmbH, Donauwörth • Als Kopiervorlage freigegeben

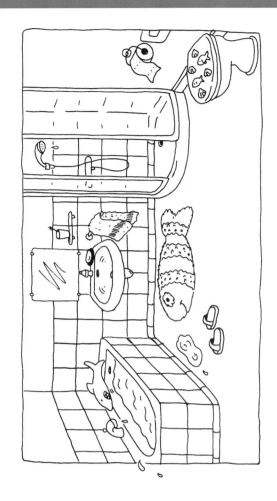

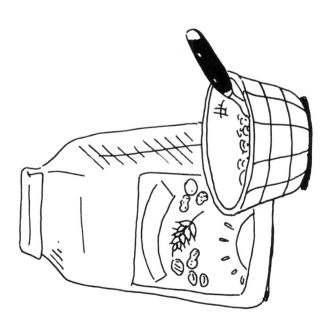

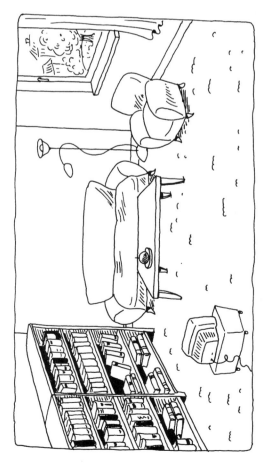

Reyher, Ulrich: Parlons français avec Minnie et Minou/4. Schuljahr
© Auer Verlag GmbH, Donauwörth • Als Kopiervorlage freigegeben

la cuisine

la salle de bains

le salon

les céréales

Reyher, Ulrich: Parlons français avec Minnie et Minou/4. Schuljahr
© Auer Verlag GmbH, Donauwörth • Als Kopiervorlage freigegeben

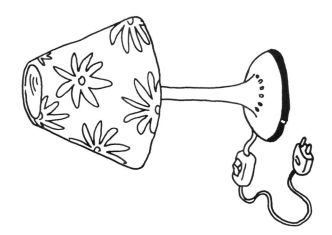

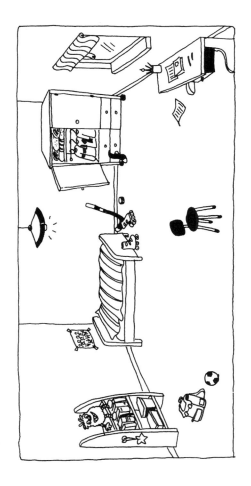

Reyher, Ulrich: Parlons français avec Minnie et Minou/4. Schuljahr
© Auer Verlag GmbH, Donauwörth • Als Kopiervorlage freigegeben

la lampe

le frigo

la chambre

l' ordinateur

Reyher, Ulrich: Parlons français avec Minnie et Minou/4. Schuljahr
© Auer Verlag GmbH, Donauwörth • Als Kopiervorlage freigegeben

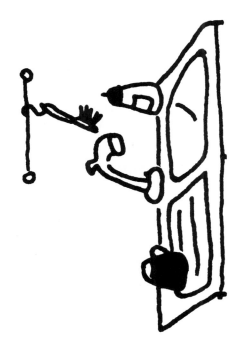

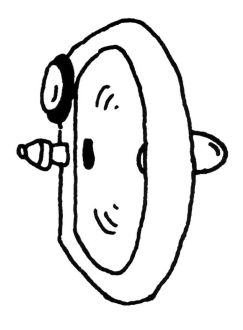

Reyher, Ulrich: Parlons français avec Minnie et Minou/4. Schuljahr
© Auer Verlag GmbH, Donauwörth • Als Kopiervorlage freigegeben

le WC

l'évier

le lavabo

la cuisinière

Reyher, Ulrich: Parlons français avec Minnie et Minou/4. Schuljahr
© Auer Verlag GmbH, Donauwörth • Als Kopiervorlage freigegeben

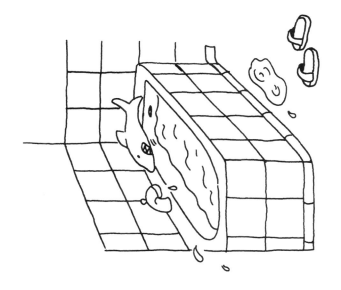

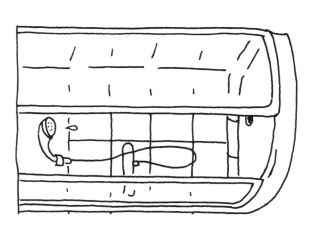

Reyher, Ulrich: Parlons français avec Minnie et Minou/4. Schuljahr
© Auer Verlag GmbH, Donauwörth • Als Kopiervorlage freigegeben

la brosse à dents

le miroir

la douche

la baignoire

Reyher, Ulrich: Parlons français avec Minnie et Minou/4. Schuljahr
© Auer Verlag GmbH, Donauwörth • Als Kopiervorlage freigegeben

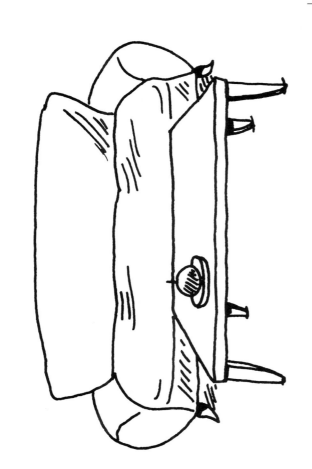

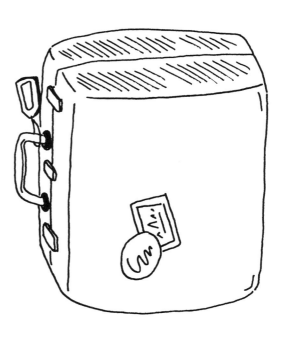

Reyher, Ulrich: Parlons français avec Minnie et Minou/4. Schuljahr
© Auer Verlag GmbH, Donauwörth • Als Kopiervorlage freigegeben

le radiateur

le fauteuil

la valise

le canapé

Reyher, Ulrich: Parlons français avec Minnie et Minou/4. Schuljahr
© Auer Verlag GmbH, Donauwörth • Als Kopiervorlage freigegeben

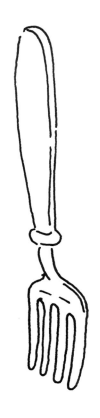

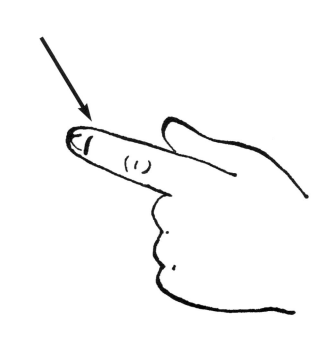

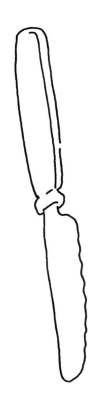

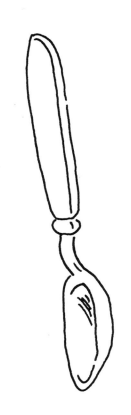

Reyher, Ulrich: Parlons français avec Minnie et Minou/4. Schuljahr
© Auer Verlag GmbH, Donauwörth • Als Kopiervorlage freigegeben

la fourchette

le doigt

le couteau

la cuillère

Reyher, Ulrich: Parlons français avec Minnie et Minou/4. Schuljahr
© Auer Verlag GmbH, Donauwörth • Als Kopiervorlage freigegeben

Reyher, Ulrich: Parlons français avec Minnie et Minou/4. Schuljahr
© Auer Verlag GmbH, Donauwörth • Als Kopiervorlage freigegeben

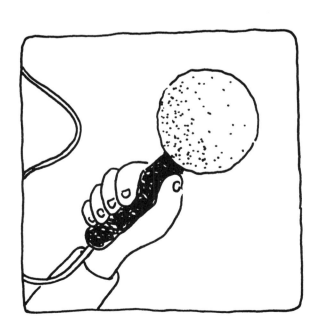

Reyher, Ulrich: Parlons français avec Minnie et Minou/4. Schuljahr
© Auer Verlag GmbH, Donauwörth • Als Kopiervorlage freigegeben

Reyher, Ulrich: Parlons français avec Minnie et Minou/4. Schuljahr
© Auer Verlag GmbH, Donauwörth • Als Kopiervorlage freigegeben

Reyher, Ulrich: Parlons français avec Minnie et Minou/4. Schuljahr
© Auer Verlag GmbH, Donauwörth • Als Kopiervorlage freigegeben

Reyher, Ulrich: Parlons français avec Minnie et Minou/4. Schuljahr
© Auer Verlag GmbH, Donauwörth • Als Kopiervorlage freigegeben

Reyher, Ulrich: Parlons français avec Minnie et Minou/4. Schuljahr
© Auer Verlag GmbH, Donauwörth • Als Kopiervorlage freigegeben

Reyher, Ulrich: Parlons français avec Minnie et Minou/4. Schuljahr
© Auer Verlag GmbH, Donauwörth • Als Kopiervorlage freigegeben

Reyher, Ulrich: Parlons français avec Minnie et Minou/4. Schuljahr
© Auer Verlag GmbH, Donauwörth • Als Kopiervorlage freigegeben

Reyher, Ulrich: Parlons français avec Minnie et Minou/4. Schuljahr
© Auer Verlag GmbH, Donauwörth • Als Kopiervorlage freigegeben

Voilà ma classe !

D'où viens-tu ?

Me voilà !

Quelles sont tes matières à l'école ?

Reyher, Ulrich: Parlons français avec Minnie et Minou/4. Schuljahr
© Auer Verlag GmbH, Donauwörth • Als Kopiervorlage freigegeben

Qu'est-ce qu'il y a
dans ton cartable ?

Interview

Qu'est-ce qu'il y a
dans ta trousse ?

Quelle est ta matière
préférée à l'école ?

Reyher, Ulrich: Parlons français avec Minnie et Minou/4. Schuljahr
© Auer Verlag GmbH, Donauwörth • Als Kopiervorlage freigegeben

Qu'est-ce qu'il y a dans la salle de classe ?

Répétons les nombres !

Où est Minou ?

Répétons les noms des animaux !

Reyher, Ulrich: Parlons français avec Minnie et Minou/4. Schuljahr
© Auer Verlag GmbH, Donauwörth • Als Kopiervorlage freigegeben

C'est quel jour
aujourd'hui ?

Quel temps fait-il ?

Tu sais les noms
des mois ?

Quand as-tu ton
anniversaire ?

Reyher, Ulrich: Parlons français avec Minnie et Minou/4. Schuljahr
© Auer Verlag GmbH, Donauwörth • Als Kopiervorlage freigegeben

Quelles sont les
4 saisons ?

Que fais-tu ?

Qu'est-ce que tu
portes ?

Qu'est-ce que tu
aimes ?

Reyher, Ulrich: Parlons français avec Minnie et Minou/4. Schuljahr
© Auer Verlag GmbH, Donauwörth • Als Kopiervorlage freigegeben

Dialogue

Qui est-ce ?

Que fais-tu ?

Quelle heure est-il ?

Comment vas-tu à l'école ?

Comment ça va ?

C'est quel nombre ?

Qu'est-ce que c'est ?
Les parties du corps

Reyher, Ulrich: Parlons français avec Minnie et Minou/4. Schuljahr
© Auer Verlag GmbH, Donauwörth • Als Kopiervorlage freigegeben

Tu chausses du combien ?

Qu'est-ce que tu aimes ?
Les boissons

Tu as peur du monstre ?

Qu'est-ce que tu aimes ?
Les aliments

Reyher, Ulrich: Parlons français avec Minnie et Minou/4. Schuljahr
© Auer Verlag GmbH, Donauwörth • Als Kopiervorlage freigegeben

Voilà une salade de fruits !

Où habites-tu ?

On va faire les courses ?

Qu'est-ce qu'il y a dans ta chambre ?

Reyher, Ulrich: Parlons français avec Minnie et Minou/4. Schuljahr
© Auer Verlag GmbH, Donauwörth • Als Kopiervorlage freigegeben

Qu'est-ce qu'il y a dans la salle de bains ?

Que fais-tu ?

Qu'est-ce qu'il y a dans la cuisine ?

Qu'est-ce qu'il y a dans le salon ?

Reyher, Ulrich: Parlons français avec Minnie et Minou/4. Schuljahr
© Auer Verlag GmbH, Donauwörth • Als Kopiervorlage freigegeben

Lève-toi et mets ton cartable sur la table !

Lève-toi et mets ton cartable sur le dos !

Lève-toi et dis-nous les mois !

Lève-toi et mets ton cartable sous la table !

Reyher, Ulrich: Parlons français avec Minnie et Minou/4. Schuljahr
© Auer Verlag GmbH, Donauwörth • Als Kopiervorlage freigegeben

Lève-toi et mets ta chaise sur la table !

Lève-toi et mets un livre sur ta chaise !

Lève-toi et mets ton cartable sur ta chaise !

Lève-toi et mets ta trousse sur ta chaise !

Ouvre et referme la fenêtre !

Ouvre et referme ton cahier d'exercices !

Ouvre et referme la porte !

Ouvre et referme l'armoire !

Reyher, Ulrich: Parlons français avec Minnie et Minou/4. Schuljahr
© Auer Verlag GmbH, Donauwörth • Als Kopiervorlage freigegeben

Ouvre et referme
ta trousse !

Lève-toi et montre-
nous la porte !

Lève-toi et montre-
nous l'armoire !

Lève-toi et
montre-nous
le plafond !

Reyher, Ulrich: Parlons français avec Minnie et Minou/4. Schuljahr
© Auer Verlag GmbH, Donauwörth • Als Kopiervorlage freigegeben

Lève-toi et montre-nous ta trousse !

Lève-toi et montre-nous ta gomme !

Lève-toi et montre-nous le sol !

Lève-toi et montre-nous ta règle !

Reyher, Ulrich: Parlons français avec Minnie et Minou/4. Schuljahr
© Auer Verlag GmbH, Donauwörth • Als Kopiervorlage freigegeben

Lève-toi et
montre-nous
ton cartable !

Lève-toi et
montre-nous
ta colle !

Lève-toi et
montre-nous
tes ciseaux !

Lève-toi et
montre-nous
ton crayon !

Reyher, Ulrich: Parlons français avec Minnie et Minou/4. Schuljahr
© Auer Verlag GmbH, Donauwörth • Als Kopiervorlage freigegeben

Lève-toi et montre-nous ton stylo !

Dessine une gomme !

Lève-toi et montre-nous ton cahier d'exercices !

Dessine une trousse !

Reyher, Ulrich: Parlons français avec Minnie et Minou/4. Schuljahr
© Auer Verlag GmbH, Donauwörth • Als Kopiervorlage freigegeben

Dessine un cartable !

Dessine un crayon !

Dessine de la colle !

Dessine une règle !

Reyher, Ulrich: Parlons français avec Minnie et Minou/4. Schuljahr
© Auer Verlag GmbH, Donauwörth • Als Kopiervorlage freigegeben

Dessine une armoire !

Fais le nageur !

Dessine des ciseaux !

Fais le chauffeur de bus !

Reyher, Ulrich: Parlons français avec Minnie et Minou/4. Schuljahr
© Auer Verlag GmbH, Donauwörth • Als Kopiervorlage freigegeben

Fais le dentiste !

Fais le joueur de tennis !

Fais le danseur !

Fais le joueur de basket !

Reyher, Ulrich: Parlons français avec Minnie et Minou/4. Schuljahr
© Auer Verlag GmbH, Donauwörth • Als Kopiervorlage freigegeben

Fais le batteur !

Fais le guitariste !

Fais le pianiste !

Fais le flûtiste !

Reyher, Ulrich: Parlons français avec Minnie et Minou/4. Schuljahr
© Auer Verlag GmbH, Donauwörth • Als Kopiervorlage freigegeben

Fais le saxophoniste !

Prends ton crayon et mets-le sous la table !

Fais le photographe !

Prends ta règle et mets-la sous ta chaise !

Reyher, Ulrich: Parlons français avec Minnie et Minou/4. Schuljahr
© Auer Verlag GmbH, Donauwörth • Als Kopiervorlage freigegeben

Prends ta trousse et mets-la dans ton cartable !

Prends ton stylo et mets-le à côté de ta trousse !

Prends ta gomme et mets-la sur ta trousse !

Prends tes ciseaux et mets-les à côté de ta trousse !

Reyher, Ulrich: Parlons français avec Minnie et Minou/4. Schuljahr
© Auer Verlag GmbH, Donauwörth • Als Kopiervorlage freigegeben

Prends ton cartable et mets-le à côté de la porte !

Prends ton crayon et mets-le à côté de ton cahier d'exercices !

Prends ta trousse et mets-la à côté du tableau !

Prends ta règle et mets-la sous ton cahier d'exercices !

Reyher, Ulrich: Parlons français avec Minnie et Minou/4. Schuljahr
© Auer Verlag GmbH, Donauwörth • Als Kopiervorlage freigegeben

Touche ta trousse !

Touche le cartable de ton voisin/ ta voisine !

Prends ta trousse et mets-la sous la chaise de ton voisin/ta voisine !

Touche ton cartable !

Reyher, Ulrich: Parlons français avec Minnie et Minou/4. Schuljahr
© Auer Verlag GmbH, Donauwörth • Als Kopiervorlage freigegeben

Touche la trousse
de ton voisin/
ta voisine !

Touche le crayon
de ton voisin/
ta voisine !

Touche la gomme
de ton voisin/
ta voisine !

Touche le stylo
de ton voisin/
ta voisine !

Reyher, Ulrich: Parlons français avec Minnie et Minou/4. Schuljahr
© Auer Verlag GmbH, Donauwörth • Als Kopiervorlage freigegeben

Donne ta trousse
à ton voisin/
ta voisine !

Donne tes ciseaux
à ton voisin/
ta voisine !

Touche la
chaussure de ton
voisin/ta voisine !

Donne ton cartable
à ton voisin/
ta voisine !

Reyher, Ulrich: Parlons français avec Minnie et Minou/4. Schuljahr
© Auer Verlag GmbH, Donauwörth • Als Kopiervorlage freigegeben

Donne ta règle à ton voisin/ta voisine !

Compte les chaises !

Compte les tables !

Compte les élèves de la classe !

Reyher, Ulrich: Parlons français avec Minnie et Minou/4. Schuljahr
© Auer Verlag GmbH, Donauwörth • Als Kopiervorlage freigegeben

Lève-toi et montre-nous ta bouche !

Lève-toi et montre-nous ton oreille gauche !

Lève-toi et montre-nous ton nez!

Lève-toi et montre-nous ton oreille droite !

Reyher, Ulrich: Parlons français avec Minnie et Minou/4. Schuljahr
© Auer Verlag GmbH, Donauwörth • Als Kopiervorlage freigegeben

Lève-toi et montre-nous ton œil droit !

Lève-toi et montre-nous tes dents !

Lève-toi et montre-nous ton œil gauche !

Lève-toi et montre-nous ta langue !

Reyher, Ulrich: Parlons français avec Minnie et Minou/4. Schuljahr
© Auer Verlag GmbH, Donauwörth • Als Kopiervorlage freigegeben

Lève-toi et montre-nous ton pied gauche !

Lève-toi et montre-nous ta main gauche !

Lève-toi et montre-nous ton pied droit !

Lève-toi et montre-nous ta main droite !

Reyher, Ulrich: Parlons français avec Minnie et Minou/4. Schuljahr
© Auer Verlag GmbH, Donauwörth • Als Kopiervorlage freigegeben

Lève-toi et
montre-nous ton
bras droit !

Lève-toi et
montre-nous ta
jambe droite !

Lève-toi et
montre-nous ton
bras gauche !

Lève-toi et
montre-nous ta
jambe gauche !

Dessine une chaise !

Dessine un canapé !

Dessine une table !

Dessine un lit !

Reyher, Ulrich: Parlons français avec Minnie et Minou/4. Schuljahr
© Auer Verlag GmbH, Donauwörth • Als Kopiervorlage freigegeben

Dessine une étagère !

Dessine un frigo !

Dessine une lampe !

Dessine un WC !

Reyher, Ulrich: Parlons français avec Minnie et Minou/4. Schuljahr
© Auer Verlag GmbH, Donauwörth • Als Kopiervorlage freigegeben

Dessine un nez !

Dessine une oreille !

Dessine une bouche !

Dessine un œil !

Reyher, Ulrich: Parlons français avec Minnie et Minou/4. Schuljahr
© Auer Verlag GmbH, Donauwörth • Als Kopiervorlage freigegeben

Dessine une main !

Dessine un pied !

Dessine une pomme !

Dessine une banane !

Reyher, Ulrich: Parlons français avec Minnie et Minou/4. Schuljahr
© Auer Verlag GmbH, Donauwörth • Als Kopiervorlage freigegeben

Dessine un citron !

Dessine une tomate !

Dessine une poire !

Dessine une carotte !

Reyher, Ulrich: Parlons français avec Minnie et Minou/4. Schuljahr
© Auer Verlag GmbH, Donauwörth • Als Kopiervorlage freigegeben

Dis-nous 3
animaux !

Dis-nous 3
boissons !

Dis-nous 3 fruits !

Dis-nous 3
couleurs !

Reyher, Ulrich: Parlons français avec Minnie et Minou/4. Schuljahr
© Auer Verlag GmbH, Donauwörth • Als Kopiervorlage freigegeben

Tire la langue
une fois !

Tire la lange
3 fois !

Dis-nous 3 parties
du corps !

Tire la langue
2 fois !

Reyher, Ulrich: Parlons français avec Minnie et Minou/4. Schuljahr
© Auer Verlag GmbH, Donauwörth • Als Kopiervorlage freigegeben

Secoue-toi !

Secoue le bras droit !

Secoue la tête !

Secoue le bras gauche !

Reyher, Ulrich: Parlons français avec Minnie et Minou/4. Schuljahr
© Auer Verlag GmbH, Donauwörth • Als Kopiervorlage freigegeben

Secoue la main gauche !

Secoue la jambe gauche !

Secoue la main droite !

Secoue la jambe droite !

Reyher, Ulrich: Parlons français avec Minnie et Minou/4. Schuljahr
© Auer Verlag GmbH, Donauwörth • Als Kopiervorlage freigegeben

Secoue le pied droit !

Roule les épaules 2 fois en avant !

Secoue le pied gauche !

Roule les épaules 2 fois en arrière !

Reyher, Ulrich: Parlons français avec Minnie et Minou/4. Schuljahr
© Auer Verlag GmbH, Donauwörth • Als Kopiervorlage freigegeben

Fais 2 clins d'œil !

Claque des dents !

Fais un clin d'œil !

Fais 3 clins d'œil!

Reyher, Ulrich: Parlons français avec Minnie et Minou/4. Schuljahr
© Auer Verlag GmbH, Donauwörth • Als Kopiervorlage freigegeben

Gratte-toi la tête !

Gratte-toi le bras droit !

Gratte-toi le bras gauche !

Gratte-toi la jambe droite !

Reyher, Ulrich: Parlons français avec Minnie et Minou/4. Schuljahr
© Auer Verlag GmbH, Donauwörth • Als Kopiervorlage freigegeben

Gratte-toi le dos !

Mets ta règle sur ta tête !

Gratte-toi la jambe gauche !

Gratte le dos de ton voisin/ta voisine !

Reyher, Ulrich: Parlons français avec Minnie et Minou/4. Schuljahr
© Auer Verlag GmbH, Donauwörth • Als Kopiervorlage freigegeben

Mets ta gomme sur ton épaule gauche !

Mets 2 doigts sur ta chaussure gauche !

Mets ta règle sur la tête de ton voisin/ ta voisine !

Mets 3 doigts sur ta chaussure droite ! ta chaussure gauche !

Reyher, Ulrich: Parlons français avec Minnie et Minou/4. Schuljahr
© Auer Verlag GmbH, Donauwörth • Als Kopiervorlage freigegeben

Mam'zelle Angèle

(chanson traditionelle)

1. Je sonn' au nu-mé-ro un et d'mand' Mam-zelle An-gè-le.
La con-cier-ge me ré-pond: «Mais quel mé-tier fait - el - le ?»

Elle fait des pan-ta-lons, des jup' et des ju-pons et des gi-lets d'fla-nel - le.

Elle fait des pan-ta-lons, des jup' et des ju-pons et des gi-lets d'co-ton. Ah! Ah! Ah!

«Je ne con-nais pas ce genr' de mé - tier-là. Al - lez voir à cô - té !»

2. Je sonne au numéro deux
Et d'mand' Mam'zelle Angèle.
La concierge… etc.

3. Je sonne au numéro trois
Et d'mand' Mam'zelle Angèle.
La concierge… etc.

Trois poules

(chanson traditionelle)

Quand trois pou - les vont aux champs, la pre - miè - re va de - vant.

La deu - xième suit la pre - miè - re, la troi - siè - me va der - riè - re.

Quand trois pou - les vont aux champs, la pre - miè - re va de - vant.

Reyher, Ulrich: Parlons français avec Minnie et Minou/4. Schuljahr
© Auer Verlag GmbH, Donauwörth • Als Kopiervorlage freigegeben

J'ai vu le loup

(chanson traditionelle)

Fin

J'ai vu le loup, le re-nard et la be-let-te, j'ai vu le loup, le re-nard dan - ser.

J'les ai vus ta-per du pied. J'ai vu le loup, le re-nard et la belet-te.

J'les ai vus ta-per du pied. J'ai vu le loup, le re-nard dan - ser.

Prom'nons-nous dans les bois

(chanson traditionelle)

Prom'-nons-nous dans les bois pen-dant que le loup n'y est pas.

Si le loup y'é - tait, il nous man - ge - rait.
Mais comme il n'y est pas, il n'nous mang' - ra pas!

gesungen:	Prom'nons-nous dans les bois
	Pendant que le loup n'y est pas.
	Si le loup y était,
	Il nous mangerait.
	Mais comme il n'y est pas
	Il n'nous mang'ra pas.

gesprochen:	Loup, y es-tu ?	Qui !
	M'entends-tu ?	Qui !
	Que fais-tu ?	Je mets ma chemise.
	…	
	…	Je mets mon pantalon.
	…	Je mets mon chapeau.
	…	Je mets mes chaussettes.
	…	Je mets mes bottes.
	…	J'arrive !!!

Reyher, Ulrich: Parlons français avec Minnie et Minou/4. Schuljahr
© Auer Verlag GmbH, Donauwörth • Als Kopiervorlage freigegeben

Mon chapeau a quatre bosses

(chanson traditionelle)

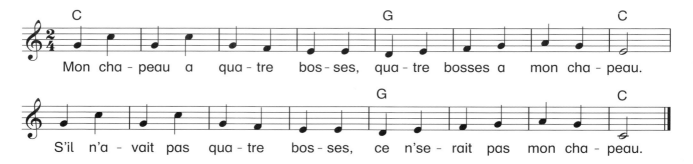

Mon cha - peau a qua - tre bos - ses, qua - tre bosses a mon cha - peau.
S'il n'a - vait pas qua - tre bos - ses, ce n'se - rait pas mon cha - peau.

Il pleut, il mouille

(chanson traditionelle)

Il pleut, il mouil - le, c'est la fête à la gre - nouil - le.
La gre - nouill' a fait son nid des - sous un grand pa - ra - pluie.

Reyher, Ulrich: Parlons français avec Minnie et Minou/4. Schuljahr
© Auer Verlag GmbH, Donauwörth • Als Kopiervorlage freigegeben

Margot a un vélo

(chanson traditionelle)

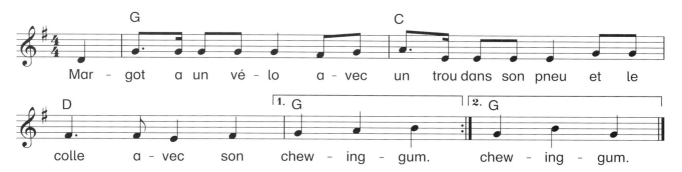

Mar - got a un vé - lo a - vec un trou dans son pneu et le

colle a - vec son chew - ing - gum. chew - ing - gum.

Mon âne

(chanson traditionelle)

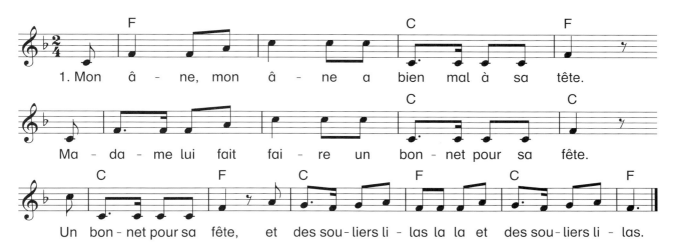

1. Mon â - ne, mon â - ne a bien mal à sa tête.

Ma - da - me lui fait fai - re un bon - net pour sa fête.

Un bon - net pour sa fête, et des sou - liers li - las la la et des sou - liers li - las.

2. … a bien mal aux oreilles.
   Madame lui fait faire une paire de boucles d'oreilles,
   Un bonnet pour sa fête
   Et des souliers lilas la la …

3. … a bien mal à ses yeux.
   Madame lui fait faire une paire de lunettes bleues…,

4. … a bien mal à son nez.
   Madame lui fait faire un joli cache-nez…,

5. … a mal à l'estomac.
   Madame lui fait faire une tasse de chocolat…,

Reyher, Ulrich: Parlons français avec Minnie et Minou/4. Schuljahr
© Auer Verlag GmbH, Donauwörth • Als Kopiervorlage freigegeben

Alouette, gentille alouette

(chanson traditionelle)

A - lou - et - te, gen - tille a - lou - et - te, a - lou - et - te, je te plu - me - rai !

1. Je te plu - me - rai la tête, je te plu - me - rai la tête.

Et la tête, et la tête, a - lou - ette, a - lou - ette, ah !

2. Je te plumerai le bec *(bis)*
   Et le bec *(bis)*
   Et la tête *(bis)*...

3. Je te plumerai les yeux *(bis)*
4. Je te plumerai le cou *(bis)*
5. Je te plumerai les ailes *(bis)*
6. Je te plumerai les pattes *(bis)*
7. Je te plumerai la queue *(bis)*

Savez-vous planter les choux ?

(chanson traditionelle)

Sa - vez - vous plan - ter les choux à la mo - de, à la mo - de,

sa - vez - vous plan - ter les choux à la mo - de de chez nous ?

Refrain
Savez-vous planter les choux
À la mode, à la mode,
Savez-vous planter les choux
À la mode de chez nous ?

1. On les plante avec le doigt
   À la mode, à la mode,
   On les plante avec le doigt
   À la mode de chez nous. *(refrain)*

2. On les plante avec le coude... *(refrain)*

3. On les plante avec le nez... *(refrain)*

4. ...

Reyher, Ulrich: Parlons français avec Minnie et Minou/4. Schuljahr
© Auer Verlag GmbH, Donauwörth • Als Kopiervorlage freigegeben

Minnie

Material:
gelber Strumpf
gelber Filz
gelbe Wolle
Watte
Klebstoff
2 kleine schwarze Perlen (für die Augen)
1 etwas größere schwarze Perle (für die Schnauze)
rosa Filz (sehr kleine Menge)
dickes schwarzes Kunststoffgarn (für die Barthaare)
Nähgarn und Nadel

- Aus dem gelben Filz einen Kreis von ca. 12 cm Durchmesser ausschneiden.
- Den Kreis an einer Stelle bis zur Mitte einschneiden, zu einer Spitztüte drehen und zusammennähen.
- Die Spitztüte mit Watte ausstopfen und an der Strumpfspitze rundherum festnähen.
- 2 schwarze Perlen als Augen, die dickere Perle als Schnauze annähen.
- 2–3 ca. 12 cm lange Stücke des schwarzen Kunststoffgarns durch das Perlenloch der Schnauze ziehen und mit etwas Klebstoff festkleben.
- Aus gelbem und rosa Filz äußeres und inneres Ohr ausschneiden (s. Abb.), aufeinander kleben und am Strumpf festnähen.
- Einige Wollfäden von ca. 30 cm Länge zuschneiden, durch den Strumpf ziehen und zu einem Schwanz flechten.

Minou

Material
roter Strumpf
weißer Filz
rosa Filz (sehr kleine Menge)
Watte
Katzenaugen
1 schwarze Perle (für die Schnauze)
dickes schwarzes Kunststoffgarn (für die Barthaare)
Klebstoff
Nähgarn und Nadel

- Aus dem weißen Filz 4 Kreise von 3,5 cm Durchmesser ausschneiden.
- Jeweils zwei der Kreise zu 2/3 zusammennähen, mit Watte ausstopfen und dann zu Ende vernähen.
- Die beiden ausgestopften, weißen Kreise an einer Stelle zusammen- und dann an der Strumpfspitze festnähen.
- An der Berührungsstelle der weißen Kreise die Perle als Schnauze annähen, die Schnurrbarthaare durchziehen und festkleben (wie in der Anleitung für Minnie beschrieben).
- Aus weißem Filz zweimal die Augenform ausschneiden und jeweils ein Katzenauge aufnähen; als Augen an den Strumpf nähen.
- Die Ohren aus rotem und rosa Filz (wie in der Anleitung für Minnie beschrieben) ausschneiden, zusammensetzen und annähen.
- Aus weißem Filz einen Streifen von ca. 20 cm Länge und 3 cm Breite ausschneiden. Zu einer Röhre zusammennähen, mit Watte ausstopfen, an beiden Enden zunähen und als Schwanz am Strumpf befestigen.

Reyher, Ulrich: Parlons français avec Minnie et Minou/4. Schuljahr
© Auer Verlag GmbH, Donauwörth • Als Kopiervorlage freigegeben

Beginn der Französischstunde

Bonjour tout le monde !	Hallo/Guten Tag/Guten Morgen, alle zusammen!
Bonjour les enfants !	Hallo/Guten Tag/Guten Morgen, Kinder!
Bonjour les filles, bonjour les garçons !	Hallo/Guten Tag/Guten Morgen, Mädchen! Hallo/Guten Tag/Guten Morgen, Jungs!
C'est l'heure de la leçon de français.	Jetzt haben wir Französischunterricht./ Jetzt ist Französischunterricht dran.
Vous êtes prêts ?	Seid ihr bereit?
Comment ça va ?/Ça va ?	Wie geht's?
Vous êtes en forme ?	Seid ihr gut in Form?
Vous n'êtes pas fatigués, non ?	Ihr seid doch nicht etwa müde, oder?
Tout le monde est là ?	Sind alle da?
Quelqu'un est absent ?	Fehlt jemand?
Quelqu'un est malade ?	Ist jemand krank?
Qui est-ce qui manque ?	Wer fehlt?
Où est… ?	Wo ist …?
Pourquoi… est-il/est-elle absent/e ?	Warum fehlt …?
C'est quel jour aujourd'hui ?/Nous sommes quel jour ?	Welchen Tag haben wir heute?
Quelle heure est-il ?	Wieviel Uhr ist es?
Quel temps fait-il ?	Wie ist das Wetter heute?
Il fait beau/mauvais/froid/chaud ?	Ist das Wetter gut/schlecht/Ist es kalt/warm?

Beginn der Aktivitäten

Maintenant, on va commencer.	Wir fangen jetzt an.
On peut commencer (maintenant) ?	Können wir (jetzt) anfangen?
Ecoutez (bien) !	Hört (gut) zu!
Attention.	Aufgepasst.
Allons-y !	Los geht's!
Allez !	Auf!
Qu'est-ce qu'on va faire aujourd'hui ?	Was machen wir heute?
Aujourd'hui, je vais vous parler de…	Heute werde ich euch von … erzählen.
Je vais vous raconter l'histoire de…	Ich werde euch die Geschichte von … erzählen.

Reyher, Ulrich: Parlons français avec Minnie et Minou/4. Schuljahr
© Auer Verlag GmbH, Donauwörth

On va chanter une chanson.	Wir wollen ein Lied singen.
Vous voulez chanter (une chanson)?	Wollt ihr (ein Lied) singen?
Ouvrez les cahiers d'exercices à la page …	Schlagt die Arbeitshefte auf Seite … auf.

Organisation der Aktivitäten/allgemeine Anweisungen

S'il te plaît/s'il vous plaît	bitte (um etwas bitten)
Merci	danke
D'accord	in Ordnung
Pardon	Entschuldigung
Je ne sais pas.	Ich weiß nicht.
Pardon?/Comment?	Wie bitte?
Excuse-moi./Excusez-moi.	Enschuldige./Entschuldigt.
C'est dommage.	Das ist schade.
Je comprends./Je vois.	Ich verstehe.
Vous vous mettez devant moi.	Stellt euch vor mir auf!
Prenez vos chaises et faites un cercle (un demi-cercle)!	Nehmt eure Stühle und bildet einen Kreis (Halbkreis).
Retournez à vos places!	Geht zurück auf eure Plätze!
Ouvrez vos cahiers d'exercices à la page…!	Schlagt eure Arbeitshefte auf Seite … auf!
Sortez vos crayons de vos trousses/cartables!	Holt eure Stifte aus euren Mäppchen/Ranzen!
On regarde les images.	Wir schauen uns die Bilder an.
Faites une (petite) croix!	Kreuzt an!
Écrivez les mots sous les images!	Schreibt die Wörter unter die Bilder!
Tu peux dire ce que tu vois sur l'image?/ Vous pouvez dire ce que vous voyez sur l'image?	Kannst du sagen, was du auf dem Bild siehst?/ Könnt ihr sagen, was ihr auf dem Bild seht?
Dessine…!/Dessinez…!	Zeichne …!/Zeichnet …!
Sortez vos ciseaux et découpez…!	Holt eure Scheren heraus und schneidet … aus!
Prenez vos feutres et coloriez…!	Nehmt eure Filzstifte und malt … aus!
Collez…!	Klebt… (auf)!
Pliez la feuille comme ça!	Faltet so das Blatt!
On lit les mots/le texte.	Wir lesen die Wörter/den Text.
Qui veut commencer?	Wer will anfangen?

Reyher, Ulrich: Parlons français avec Minnie et Minou/4. Schuljahr
© Auer Verlag GmbH, Donauwörth

…, tu commences à lire !	…, du fängst mit dem Lesen an!
C'est à toi./C'est ton tour.	Du bist dran.
Et maintenant, tous ensemble.	Und jetzt alle zusammen.
Écrivez les mots/les phrases !	Schreibt die Wörter/die Sätze auf!
Copiez les mots/les phrases !	Schreibt die Wörter/die Sätze ab!
Écrivez les mots qui manquent !	Setzt die fehlenden Wörter ein!
Choisis quelqu'un/un garçon/une fille !	Suche dir jemanden/einen Jungen/ein Mädchen aus!
Cherche-toi quelqu'un pour faire le dialogue !	Suche dir jemanden, um mit ihm den Dialog zu sprechen!
Formez des groupes de 3 !	Bildet Dreiergruppen!
Mimez la scène !	Spielt die Szene nach!
Lève-toi !/Levez-vous !	Steh auf!/Steht auf!
Assieds-toi !/Asseyez-vous !	Setz dich!/Setzt euch!
Dépêche-toi !/Dépêchez-vous !	Beeil dich!/Beeilt euch!
Répète la question, s'il te plaît !	Wiederhole bitte die Frage!
Répète le mot/la phrase !	Wiederhole das Wort/den Satz!
Répétez tous ensemble !	Wiederholt alle zusammen!
Encore une fois.	Noch einmal.
Parle plus fort/haut, s'il te plaît !	Sprich bitte lauter!
Qui peut aider… ?	Wer kann … helfen?
Regardez! Regardez au tableau !	Schaut mal her! Schaut an die Tafel!
Regardez bien. Qu'est-ce qu'il manque ?	Schaut genau hin. Was fehlt?
Fermez les yeux !	Schließt die Augen!
Ouvrez les yeux !	Öffnet die Augen!
Quelle image manque ?	Welches Bild fehlt?
Il manque une carte. C'est laquelle ?	Eine Karte fehlt. Welche ist es?
Qu'est-ce que tu vois ?/ Qu'est-ce que vous voyez ?	Was siehst du?/Was seht ihr?
Que fait la fille/le garçon ?	Was macht das Mädchen/der Junge?
Tu peux décrire l'image ?	Kannst du das Bild beschreiben?
Viens au tableau !	Komm an die Tafel!
Prends… !/Prenez… !	Nimm …! Nehmt …!
Montre-moi… !/Montre-nous… !	Zeig mir …!/Zeig uns …!

Montrez-moi…!	Zeigt mir …!
Attends un moment!/Attends, s'il te plaît!	Warte einen Moment!/Warte, bitte!
Attendez!	Wartet!
Ça y est?/Vous avez terminé?	Fertig?
C'est correct/juste?	Ist das richtig?
C'est correct./C'est juste.	Das ist richtig.
C'est vrai?/C'est vrai.	Ist das wahr?/Das ist wahr.
Non, c'est faux./Non, ce n'est pas correct.	Nein, das ist falsch./Nein, das ist nicht richtig.
Non, je suis désolé(e).	Nein, es tut mir Leid.
C'est presque juste.	Das ist fast richtig.
Tu as raison.	Du hast Recht.
Qu'est-ce que tu as?/ Qu'est-ce qu'il se passe?	Was hast du? Was ist los?
Il y a des questions?/Vous avez des questions?	Gibt es Fragen?/Habt ihr Fragen?
Il y a des problèmes?	Gibt es Probleme?
Tu veux répondre à la question?	Willst du auf die Frage antworten?
Tu as une idée?	Hast du eine Idee?
Comment on dit… en français?	Wie sagt man … auf Französisch?
Que veut dire… en allemand?	Was bedeutet … auf Deutsch?
Quel est le mot allemand/français pour…?	Was ist das deutsche/französische Wort für …?
Que signifie…?	Was bedeutet …?
Qu'est-ce que c'est en allemand?	Was heißt das auf Deutsch?
Tu peux m'aider?	Kannst du mir helfen?
Je peux t'aider?	Kann ich dir helfen?
Je suis désolé(e), je ne comprends pas/rien.	Es tut mir Leid, ich verstehe nicht/nichts.

Disziplin und Ruhe

Lève le doigt!	Melde dich (durch Fingerheben)!
On lève le doigt/la main!	Es wird sich gemeldet (durch Fingerheben/Handheben)!
On fait signe.	Wir melden uns.
On ne crie pas.	Es wird nicht geschrien!
Soyez calmes, maintenant!	Seid jetzt ruhig!

Reyher, Ulrich: Parlons français avec Minnie et Minou/4. Schuljahr
© Auer Verlag GmbH, Donauwörth

Maintenant, taisez-vous !/tais-toi !	Seid jetzt still!/Sei jetzt still!
Tu déranges les autres.	Du störst die anderen.
Arrète de parler maintenant !	Hör jetzt auf zu reden!
Vous êtes trop/très bruyants.	Ihr seid zu/sehr laut.
Arrète de te plaindre !	Hör auf dich zu beklagen!
Faites attention !	Passt auf!
Donne-toi un peu plus de mal !	Gib dir etwas mehr Mühe!
Ça suffit maintenant.	Das reicht jetzt.

Lob und Ermutigung

Essayez pour voir !	Probiert es einfach mal!
Essayez encore une fois !	Probiert es noch einmal!
C'est facile./Ce n'est pas facile.	Es ist einfach./Es ist nicht einfach.
Tu sais mieux faire.	Du könntest das besser.
Ça marchera mieux la prochaine fois.	Das nächste Mal klappt es besser.
Tu verras, …!/Vous verrez, …!	Du wirst sehen, …!/Ihr werdet sehen, …!
C'est bon./bien.	Das ist gut.
Tu as bien travaillé.	Du hast gut gearbeitet.
Bien fait./Très bien./C'est très bien.	Gut gemacht./Sehr gut./Das ist sehr gut.
Magnifique./Très joli.	Sehr schön/hübsch.
Parfait./Super./Formidable.	Perfekt./Super./ Hervorragend.
C'est déjà beaucoup mieux.	Das ist schon viel besser.
Cette fois-ci, c'est très bien.	Diesmal ist es sehr gut.
C'est une bonne idée !/Bonne idée !	Das ist eine gute Idee!
Tu as une idée ?/Vous avez des idées ?	Hast du eine Idee?/Habt ihr Ideen?
C'est gentil de ta part.	Das ist nett von dir.

Ende der Stunde

Ça sera tout pour aujourd'hui./ *C'est tout pour aujourd'hui.*	Das war's für heute.
Voilà, …	So, …
Terminez votre travail !	Schließt mit eurer Arbeit ab!

On a terminé la leçon.	Wir sind mit dem Kapitel fertig.
Qui veut nettoyer le tableau ?	Wer will die Tafel sauber machen?
Rangez vos affaires/livres/trousses, s'il vous plaît !	Räumt bitte eure Sachen/Bücher/Mäppchen auf!
Mettez vos affaires dans vos cartables !	Räumt eure Sachen in eure Taschen!
Mettez les chaises sur/sous les tables !	Stellt die Stühle auf/unter die Tische!
Prenez vos cartables !	Nehmt eure Ranzen!
C'est l'heure de la récréation.	Jetzt ist Pause.
Vous pouvez sortir pour la récréation.	Ihr könnt zur Pause rausgehen.
Mettez-vous en rang !	Stellt euch in einer Reihe auf!
Mettez-vous deux à deux !	Stellt euch zu zweit auf!
Sortez, s'il vous plaît !	Geht bitte raus!
Sortez sans faire de bruit !	Geht leise raus!
Doucement !	Langsam! Leise!
Allez dans la cour !	Geht auf den Hof!
Au revoir, les enfants.	Auf Wiedersehen, Kinder!
A demain/lundi !	Bis Morgen/Montag!
Bonne journée/Bon après-midi !	Einen schönen Tag/Nachmittag!
Bon week-end !	Schönes Wochenende!
Bonnes vacances !	Schöne Ferien!

Reyher, Ulrich: Parlons français avec Minnie et Minou/4. Schuljahr
© Auer Verlag GmbH, Donauwörth

Reihe „Fremdsprachenlernen in der Grundschule"

Ulrich Reyher

Parlons français avec Minnie et Minou

3. Schuljahr

Cahier d'exercices 1
72 S., DIN A4, kart.   Best.-Nr. **3659**

Cahier d'exercices 2
80 S., DIN A4, kart.   Best.-Nr. **3660**

Handbuch für Lehrerinnen und Lehrer
148 S., DIN A4, kart.   Best.-Nr. **3661**

4. Schuljahr

Cahier d'exercices 1
76 S., DIN A4, kart.   Best.-Nr. **4162**

Cahier d'exercices 2
80 S., DIN A4, kart.   Best.-Nr. **4163**

Ulrich Reyher

Learning English with Tiny and Topsy

3. Schuljahr

Workbook 1
72 S., DIN A4, kart.   Best.-Nr. **3656**

Workbook 2
80 S., DIN A4, kart.   Best.-Nr. **3657**

Handbuch für Lehrerinnen und Lehrer
150 S., DIN A4, kart.   Best.-Nr. **3658**

4. Schuljahr

Workbook 1
76 S., DIN A4, kart.   Best.-Nr. **4165**

Workbook 2
80 S., DIN A4, kart.   Best.-Nr. **4166**

Handbuch für Lehrerinnen und Lehrer
160 S., DIN A4, kart.   Best.-Nr. **4167**

Zur Reihe:

Die Hefte der Reihe „Fremdsprachenlernen in der Grundschule" bieten Ihnen übersichtlich strukturiertes und leicht einsetzbares Material sowohl für den **Englisch-** als auch für den **Französischunterricht in der Grundschule**.
Die Unterrichtswerke zielen darauf ab, bei den Kindern der dritten und vierten Jahrgangsstufe die **Basis für Kommunikation und Konversation** in der jeweiligen Fremdsprache zu schaffen. Dabei werden alle vier klassischen Fertigkeitsbereiche, also Hörverstehen, Lesen, Sprechen und Schreiben von Anfang an systematisch trainiert.
Die Kinder entwickeln Spaß am Umgang mit der Fremdsprache; gleichzeitig findet ein nachweisbarer Lernzuwachs und somit eine konkrete Vorbereitung auf den Fremdsprachenunterricht in der Sekundarstufe statt.

Die Arbeitshefte

Im Mittelpunkt steht die Konversation: Jedes Kapitel orientiert sich an einer Leitfrage oder einem Leitsatz; die Kinder lernen einfache kleine Dialoge. Zwei Freunde, eine Katze und eine kleine Maus, begleiten durch das ganze Werk.

Die Handbücher für Lehrerinnen und Lehrer

Sie finden hier zum einen didaktische Hinweise zur Arbeit mit dem Unterrichtswerk, zum anderen Vorlagen für Dialog-, Aktivitäts- und Piktogrammkarten für den Einsatz im Unterricht sowie viele Lieder mit Noten und Text.

⚇ Auer   B E S T E L L C O U P O N   ⚇ Auer

Ja, bitte senden Sie mir/uns

____ Expl. _____   Best.-Nr. _____
____ Expl. _____   Best.-Nr. _____
____ Expl. _____   Best.-Nr. _____
____ Expl. _____   Best.-Nr. _____
____ Expl. _____   Best.-Nr. _____
____ Expl. _____   Best.-Nr. _____
____ Expl. _____   Best.-Nr. _____
____ Expl. _____   Best.-Nr. _____
____ Expl. _____   Best.-Nr. _____

mit Rechnung zu.

Bequem bestellen unter:
Telefon: 01 80/5 34 36 17
Fax: 09 06/7 31 78
E-Mail: info@auer-verlag.de

Bitte kopieren und einsenden an:

Auer Versandbuchhandlung
Postfach 11 52
86601 Donauwörth

Meine Anschrift lautet:

_____
Name/Vorname

_____
Straße

_____
PLZ/Ort

_____
Datum/Unterschrift

_____
E-Mail

Praxiserprobt und kreativ: Materialien von Auer!

So wird Fremdsprachenlernen kinderleicht!

Praxiserprobt und kreativ: Materialien von Auer!

Gabriele Entenmann

Französisch lernen mit der Ente Beau-Beau

Unterrichtsanregungen und Materialien für den Französischunterricht in der Grundschule

Mit Spielesammlung

96 S., DIN A4, kart.   Best.-Nr. **4028**

Diese Unterrichtshilfe für die Frühförderung baut auf immer wiederkehrenden Lerninhalten auf. Mit Hilfe dieser festen Struktur schleifen sich die einzelnen Redewendungen schnell und sicher ein. So finden die Kleinsten spielerisch Zugang zur französischen Sprache und lernen die Sitten und Bräuche Frankreichs kennen.
Lieder, Verse und Spiele machen die Unterrichtsstunden abwechslungsreich und interessant.
Die Kopiervorlagen für Arbeitsblätter, auf denen die lustige Ente Beau-Beau als Lehrerin auftritt, erleichtern den Schüler/-innen den Einstieg in die Fremdsprache. Alle Arbeitsanweisungen sind in Deutsch und Französisch angegeben, damit sich die Kinder leichter orientieren können.
Aus dem Inhalt: La famille (Die Familie), Les jours de la semaine (Die Wochentage), À l'école (In der Schule), Fêtes, par ex. Noël (Feste, z. B. Weihnachten).

Catrin und Almuth Bartl

Vokabelspiele für den Englischunterricht in der Grund- und Hauptschule

44 S., kart.   Best.-Nr. **3607**

Vokabeln lernen ganz easy!
Dieses neue Buch bietet Lehrerinnen und Lehrern eine Fülle von Spielen für das Vokabellernen im Englischunterricht. Es richtet sich an Grund- und Hauptschullehrkräfte, die die Motivation aller Schüler/-innen zum Vokabellernen wecken und spielerisch erhalten wollen. Die Spiele sind so ausgewählt, dass sie ohne Aufwand und Vorbereitung in den Unterricht integriert werden können. So wird Vokabeltraining zum Kinderspiel!

Ludwig Waas/Wolfgang Hamm

Englischunterricht in der Grundschule konkret

224 S., kart.   Best.-Nr. **3753**

Sie haben das Fach Englisch nie studiert, sollen aber den Englischunterricht an Ihrer Schule übernehmen? Sie unterrichten dieses Fach bereits, hätten jedoch gern methodische Anregungen? Gute Materialien für den Unterricht sowie eigens für die Grundschule verfasste Fachdidaktiken sind bislang leider Mangelware. Dieser neue Band füllt die Lücke – in **Theorie und Praxis**! Zahlreiche Beispiele authentischer Literatur und Lieder, ausgewählte Stundentafeln mit Arbeitsblättern sowie Koch-, Bastel- und Spielanregungen komplettieren diesen Praxisband. Auch die wichtigsten kulturellen Hintergründe und Bräuche aus England, Irland und Amerika werden dargestellt. Ganzheitliches Lernen mit allen Sinnen ist dabei ein Hauptanliegen der Autoren.

ⒶⓋ Auer B E S T E L L C O U P O N ⒶⓋ Auer

Ja, bitte senden Sie mir/uns

_____ Expl. Gabriele Entenmann
Französisch lernen mit der Ente Beau-Beau   Best.-Nr. **4028**

_____ Expl. Ludwig Waas/Wolfgang Hamm
Englischunterricht in der Grundschule konkret   Best.-Nr. **3753**

_____ Expl. Catrin und Almuth Bartl
Vokabelspiele für den Englischunterricht in der Grund- und Hauptschule   Best.-Nr. **3607**

mit Rechnung zu.

Bequem bestellen unter:
Telefon: 01 80/5 34 36 17
Fax: 09 06/7 31 78
E-Mail: info@auer-verlag.de

Bitte kopieren und einsenden an:

**Auer Versandbuchhandlung
Postfach 11 52
86601 Donauwörth**

Meine Anschrift lautet:

_____
Name/Vorname

_____
Straße

_____
PLZ/Ort

_____
Datum/Unterschrift

_____
E-Mail

Have fun with the Popcorn kids!

Popcorn 1

für die 3. Jahrgangsstufe

Schülerarbeitsheft (vierfarbig illustriert)
64 S., DIN A4, kart.　　　　　　　　Best.-Nr. **3365**

2 Schüler-CDs
mit Liedern, Reimen, Dialogen, Übungen u. v. m.
　　　　　　　　　　　　　　　　Best.-Nr. **3366**

Lehrerhandbuch
mit didaktischen Hinweisen für die Unterrichtsgestaltung
sowie zahlreichen Kopiervorlagen für illustrierte Vokabel-
karten und Übungsblätter
176 S., DIN A4, kart.　　　　　　　Best.-Nr. **3367**

Lehrer-CD
mit Vokabeln, nützlichen Redewendungen und Übungen
für die Schüler　　　　　　　　　Best.-Nr. **3368**

**10 zweiseitig bedruckte Farbposter mit jeweils
verschiedenen Situationsbildern**
80 × 118 cm, vierfarbig　　　　　Best.-Nr. **3369**

Kommunikationsorientierte Methode, natürliche Sprech-
anlässe, witzige Dialoge, spielerische Aktivitäten, poppige
Lieder, Kinderreime mit Musik im Rap-Stil, farbenfrohe
Poster für das Klassenzimmer und vieles mehr – das ist
**Popcorn, das neue Lehrwerk für den kommuni-
kativen Englischunterricht in der Grundschule!**

Im Vordergrund stehen die Fertigkeiten **Hörverständnis**
und **Sprechen** in alltäglichen, natürlichen Situationen. Daneben werden die Kinder aber auch an das **Schreiben** in
der Fremdsprache – durch einfache Ergänzungsübungen,
Wörterpuzzles, Kreuzworträtsel u. Ä. – herangeführt.

Themen und Wortschatz der beiden Bände sind alters-
gerecht ausgewählt und knüpfen an die Erlebniswelt der
Kinder an: Zahlen, Farben, Gegenstände, Tiere, Geburts-
tagsparty, Weihnachten, Urlaub, Internet, Einkaufen usw.

Popcorn 2

für die 4. Jahrgangsstufe

Schülerarbeitsheft (vierfarbig illustriert)
60 S., DIN A4, kart.　　　　　　　　Best.-Nr. **3370**

2 Schüler-CDs
mit Liedern, Reimen, Dialogen, Übungen u. v. m.
　　　　　　　　　　　　　　　　Best.-Nr. **3371**

Lehrerhandbuch
mit didaktischen Hinweisen für die Unterrichtsgestaltung
sowie zahlreichen Kopiervorlagen für illustrierte Vokabel-
karten und Übungsblätter
176 S., DIN A4, kart.　　　　　　　Best.-Nr. **3372**

Lehrer-CD
mit Vokabeln, nützlichen Redewendungen und Übungen
für die Schüler　　　　　　　　　Best.-Nr. **3373**

**10 zweiseitig bedruckte Farbposter mit jeweils
verschiedenen Situationsbildern**
80 × 118 cm, vierfarbig　　　　　Best.-Nr. **3374**

ⒶAuer　BESTELLCOUPON　ⒶAuer

Ja, bitte senden Sie mir/uns

_____ Expl. _____ Best.Nr. _____
_____ Expl. _____ Best.Nr. _____
_____ Expl. _____ Best.Nr. _____
_____ Expl. _____ Best.Nr. _____
_____ Expl. _____ Best.Nr. _____
_____ Expl. _____ Best.Nr. _____
_____ Expl. _____ Best.Nr. _____
_____ Expl. _____ Best.Nr. _____

mit Rechnung zu.

Bequem bestellen unter:
Telefon: 01 80/5 34 36 17
Fax: 09 06/7 31 78
E-Mail: info@auer-verlag.de

Bitte kopieren und einsenden an:

**Auer Versandbuchhandlung
Postfach 11 52
86601 Donauwörth**

Meine Anschrift lautet:

_____
Name/Vorname

_____
Straße

_____
PLZ/Ort

_____
Datum/Unterschrift

_____
E-Mail

Kopiervorlagen und Materialien für Ihren Unterricht!

Praxiserprobt und topaktuell: Materialien von Auer!

Abwechslungsreich, aktuell und schülernah!

Gudrun Hollstein/Elke Wadlinger

Englisch im Grundschulunterricht Tiere im Zoo

Theoretische Grundlagen, Unterrichtsvorschläge, Materialien

96 S., DIN A4, kart.

Best.-Nr. **8513**

Französisch im Grundschulunterricht Tiere im Zoo

Theoretische Grundlagen, Unterrichtsvorschläge, Materialien

96 S., DIN A4, kart.

Best.-Nr. **8512**

Die Autorinnen zeigen in diesen Büchern, wie die Fremdsprachen Englisch oder Französisch harmonisch in den Unterricht der Grundschule integriert werden können. „Tiere im Zoo" ist ein Themenbereich, der vielfältige Arbeitsmöglichkeiten bietet und Kinder im Grundschulalter begeistert. Die zwei Bände enthalten fächerübergreifende, auf das ganzheitliche Lernen bezogene Unterrichtsvorschläge und Materialien: fremdsprachige Lieder und Gedichte, Auszüge aus fremdsprachigen Bilderbüchern, Spiele, Schatten- und Papiertheater, Aktivitäten im Bereich der bildenden Kunst, Ideen für einen Zoobesuch u. v. m.

Michaela Sambanis

Englisch in der Grundschule – leicht gemacht

Unterrichtsvorschläge und Kopiervorlagen für den Fremdsprachenfrühbeginn ab Klasse 1

112 S., DIN A4, kart.

Best.-Nr. **3894**

Französisch in der Grundschule – leicht gemacht

Unterrichtsvorschläge und Kopiervorlagen für den Fremdsprachenfrühbeginn ab Klasse 1

128 S., DIN A4, kart.

Best.-Nr. **3895**

Je früher desto besser: Englisch und Französisch lernen Kids spielend leicht bereits ab der 1. Klasse! Neben zahlreichen Kopiervorlagen in Form von Wortkarten und Arbeitsblättern enthalten die Materialien zusätzlich eine Vielzahl von französischen bzw. englischen Liedern, Reimen und Spielen. Diese stärken und erhalten die Motivation bei den Kindern. Es finden sich auch viele Themenvorschläge für die Klassen 3 und 4, sodass genügend Möglichkeiten für die Weiterführung und Differenzierung vorhanden sind.

◬ Auer BESTELLCOUPON ◬ Auer

Ja, bitte senden Sie mir/uns

_____ Expl. Gudrun Hollstein/Elke Wadlinger
Englisch im Grundschulunterricht
Tiere im Zoo   Best.-Nr. **8513**

_____ Expl. Gudrun Hollstein/Elke Wadlinger
Französisch im Grundschulunterricht
Tiere im Zoo   Best.-Nr. **8512**

_____ Expl. Michaela Sambanis
Englisch in der Grundschule –
leicht gemacht   Best.-Nr. **3894**

_____ Expl. Michaela Sambanis
Französisch in der Grundschule –
leicht gemacht   Best.-Nr. **3895**

mit Rechnung zu.

Bequem bestellen unter:
Telefon: 01 80 / 5 34 36 17
Fax: 09 06 / 7 31 78
Online: www.auer-verlag.de

Bitte kopieren und einsenden an:

Auer Versandbuchhandlung
Postfach 11 52
86601 Donauwörth

Meine Anschrift lautet:

_____
Name/Vorname

_____
Straße

_____
PLZ/Ort

_____
Datum/Unterschrift

_____
E-Mail